COLLECTION PARCO
Sous la direction

UBU ROI

D'ALFRED JARRY

Texte intégral

ÉDITION PRÉSENTÉE, ANNOTÉE ET COMMENTÉE

PAR

RENÉ LAFLEUR

ENSEIGNANT AU CÉGEP DE SAINT-LAURENT

Beauchemin

UBU ROI d'Alfred Jarry

Texte intégral

Édition présentée, annotée et commentée par René LaFleur

Collection «Parcours d'une œuvre» sous la direction
de Michel Laurin

© 2005   Groupe Beauchemin, éditeur ltée
           3281, avenue Jean-Béraud
           Laval (Québec) H7T 2L2
           Téléphone : (514) 334-5912
                        1 800 361-4504
           Télécopieur : (450) 688-6269
           www.beaucheminediteur.com

Nous reconnaissons l'aide financière du gouvernement du Canada
par l'entremise du Programme d'aide au développement de l'industrie de
l'édition (PADIÉ) pour nos activités d'édition.

ISBN : 2-7616-2419-X

Dépôt légal : 2ᵉ trimestre 2005
Bibliothèque nationale du Québec   Imprimé au Canada
Bibliothèque et Archives du Canada   1 2 3 4 5   09 08 07 06 05

Supervision éditoriale : Élise Bergeron
Charge de projet : Louise Perreault et Trevor Aubert Jones
Production : Maryse Quesnel
Révision linguistique : Manuela Giroux
Correction d'épreuves : Christine Langevin et Jacinthe Caron
Demande de droits : Violaine Charest-Sigouin
Conception graphique : Martin Dufour, a.r.c.
Conception et réalisation de la couverture : Christine Dufour
Typographie et retouche des illustrations : Trevor Aubert Jones
Impression : Imprimeries Transcontinental inc.

TABLE DES MATIÈRES

Alfred Jarry.

DESSIN (ANONYME), XIXᵉ SIÈCLE.
© Bettman / CORBIS / MAGMA.

UNE DÉRISION ACTUELLE

POURQUOI lire une œuvre aussi cynique et aussi scatologique qu'*Ubu Roi*[1] ? Et quelle âme tordue la proposerait à ses étudiants ? Peut-être lit-on encore le chef-d'œuvre de Jarry, plus de cent ans après sa première représentation, parce que cette noire et insolente grimace de la fin du XIXe siècle est encore actuelle et qu'elle pourrait tout aussi bien avoir été créée par la jeunesse d'aujourd'hui. Pour ceux qui se sentent démunis devant les puissances aliénantes de la société moderne, il y aura toujours au moins cette arme : la parodie. Et si, ici, dans cette pièce, la parodie semble particulièrement cinglante, c'est qu'elle est à la mesure de l'insoumission de son auteur, révolté intégral et intègre.

Le personnage de Père Ubu est le grotesque fait homme : ambitieux, vulgaire, il réalise ses plus sombres desseins en toute impunité. Cette victoire de l'incarnation des valeurs antihumanistes est donc une dérision, surtout si l'on se rappelle que Jarry présentait son personnage et son univers comme calqués sur la réalité de la Belle Époque.

Avec l'humour fou et l'esprit de fête que seules connaissent les personnes conscientes de la fin d'une civilisation, Jarry lâche son Père Ubu tout-puissant et travaillé de vices parmi une foule de personnages mous et bien-pensants, comme on lâche un loup dans un troupeau de moutons. Ce n'est pas que le dramaturge jubile devant le spectacle de l'innocence violentée ou qu'il invite le spectateur à tirer un plaisir sadique de la souffrance d'autrui : ce devant quoi il jubile, et

---

1 C'est Jarry lui-même qui, lors de la première édition de la pièce, a insisté sur la majuscule au mot «Roi». Il a sans doute procédé ainsi pour exprimer, dès le premier abord, son insoumission aux règles, en l'occurrence celle selon laquelle seul le premier nom d'un titre prend la majuscule. La plupart des éditions ultérieures de la pièce montrent qu'on a cru bon de «corriger» cette anomalie. En réintroduisant la majuscule au début du deuxième nom, nous rendons au titre son allure originale, porteuse de contestation.

ce à quoi le spectateur est convié, c'est plutôt le spectacle du dépouillement des hypocrites. Leurs vertueux masques ne tombent que sous l'assaut de la plus entière dérision. Et ce qui est révélé est l'humain mis à nu, motivé par des forces non morales mais pulsionnelles, comme la soif de pouvoir, la vanité et l'amour du capital. La pièce de Jarry montre que la morale figée et ce qui passe pour la nature humaine ne sont que des constructions, et que, parce qu'elles cachent si bien une vie pulsionnelle devenue dangereuse et corrompue, elles semblent cautionner les pires horreurs.

Y a-t-il de meilleur moyen de désencroûter l'humain qu'une pièce comme *Ubu Roi*, dont les personnages aux traits exagérés rappellent ou exposent les lois véritables qui, sous le vernis de la civilisation, gouvernent l'ambition humaine et les destins ?

Lithographie originale à la plume, réalisée par Jarry.
Représentation du personnage de César-Antéchrist, parue en
janvier 1895 dans la revue *L'Ymagier*, que Jarry co-dirigeait.

Le sceau d'Ubu, dessin au crayon
réalisé par Jarry, 1902.

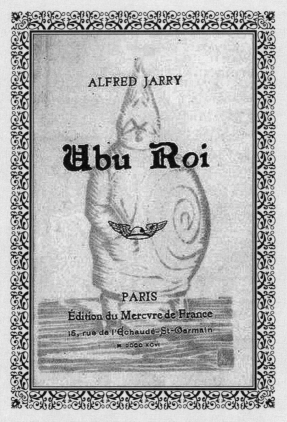

Page de titre de l'édition originale de 1896 d'*Ubu Roi*
réalisée par Jarry.

Ubu Roi *a été représenté*[1] *au Théâtre de l'Œuvre (10 décembre 1896), avec le concours de* M*^{mes}* Louise France (*Mère Ubu*) *et* Irma Perrot (*la Reine Rosemonde*) ; *de* MM. Gémier (*Père Ubu*), Dujeu (*le Roi Venceslas*), Norot (*le Czar*), G. Flandre (*Capitaine Bordure*), Buteaux, Charley, Séverin-Mars, Lugné-Poe, Verse, Dally, Ducaté, Carpentier, Michelez, *etc. — aux Pantins (janvier-février 1898).*

---

1 Cette note ne figure évidemment pas dans la première édition de l'œuvre, qui a paru en juin 1896, soit six mois avant la première représentation.

CE LIVRE EST DÉDIÉ À

MARCEL SCHWOB[1]

> *Adonc le Père Ubu hoscha*
> *la poire, dont fut depuis nommé*
> *par les Anglois Shakespeare, et avez*
> *de lui sous ce nom maintes belles*
> *tragœdies par escript*[2].

---

1 *Marcel Schwob* : écrivain français (1867-1905), ami de Jarry, homme de grande
   érudition qui a fait une traduction ambitieuse des pièces de Shakespeare.
2 Phrase rédigée dans le style de l'ancien français, dont l'équivalent en français
   moderne serait : «À ce moment-là, Père Ubu hocha la tête, fut par la suite nommé
   Shakespeare par les Anglais, et vous avez de lui sous ce nom maintes belles
   tragédies par écrit.»

LES PERSONNAGES

PÈRE UBU

MÈRE UBU

CAPITAINE BORDURE

LE ROI VENCESLAS

LA REINE ROSEMONDE

BOLESLAS

LADISLAS } leurs fils

BOUGRELAS

LES OMBRES
  DES ANCÊTRES

LE GÉNÉRAL LASCY

STANISLAS LECZINSKI

JEAN SOBIESKI

NICOLAS RENSKY

L'EMPEREUR ALEXIS

GIRON

PILE } Palotins

COTICE

MICHEL FÉDÉROVITCH

NOBLES

MAGISTRATS

CONSEILLERS

FINANCIERS

LARBINS DE PHYNANCES[1]

PAYSANS

TOUTE L'ARMÉE RUSSE

TOUTE L'ARMÉE POLONAISE

LES GARDES DE LA MÈRE UBU

UN CAPITAINE

L'OURS

LE CHEVAL À PHYNANCES

LA MACHINE À DÉCERVELER

L'ÉQUIPAGE

LE COMMANDANT

CONJURÉS ET SOLDATS

PEUPLE

---

1 L'esthétique de la révolte dans laquelle s'inscrit Jarry justifie des écarts sur le plan
  de la langue et de la typographie. Faisant fi des conventions établies, le dramaturge
  écrit indifféremment «finance» ou «phynance», «le czar» ou «le Czar». Ainsi, la
  langue de la pièce est un matériau qui porte les marques de son mépris des
  contraintes du passé ainsi que celles de son amour de la fantaisie non réprimée.

§ Les mots suivis du symbole § sont définis dans le glossaire, à la page 189. Si le
  mot se répète plusieurs fois dans la même page, seule la première occurrence est
  ainsi signalée.

N.B. : Les trois extraits qui font l'objet d'une analyse approfondie sont indiqués dans
    l'œuvre par des filets tracés dans la marge.

ACTE I

SCÈNE 1

PÈRE UBU, MÈRE UBU.

Père Ubu : Merdre[1].

Mère Ubu : Oh ! voilà du joli, Père Ubu, vous estes[2] un fort grand voyou.

Père Ubu : Que ne vous assom'je[3], Mère Ubu !

5   **Mère Ubu** : Ce n'est pas moi, Père Ubu, c'est un autre qu'il faudrait assassiner.

Père Ubu : De par ma chandelle verte[4], je ne comprends pas.

Mère Ubu : Comment, Père Ubu, vous estes content de votre sort ?

10   **Père Ubu** : De par ma chandelle verte, merdre, madame, certes oui, je suis content. On le serait à moins : capitaine de dragons[5], officier de confiance du roi Venceslas, décoré de l'ordre de l'Aigle Rouge de Pologne et ancien roi d'Aragon[6], que voulez-vous de mieux ?

---

1   *Merdre* : la désignation vulgaire de l'excrément, ornée d'un *r* supplémentaire.
2   *estes* : « êtes » en simili ancien français.
3   *Que ne vous assom'je* : « que je ne vous assomme ! » en simili ancien français.
4   *De par ma chandelle verte* : façon de jurer propre à Père Ubu. L'expression pourrait renvoyer à une érection pourrie.
5   *dragons* : soldats de cavalerie.
6   *Aragon* : ancien royaume sur la péninsule ibérique qui est aujourd'hui une province de l'Espagne.

15   **Mère Ubu** : Comment ! après avoir été roi d'Aragon[§] vous vous contentez de mener aux revues une cinquantaine d'estafiers[1] armés de coupe-choux, quand vous pourriez faire succéder sur votre fiole[2] la couronne de Pologne à celle d'Aragon ?

20   **Père Ubu** : Ah ! Mère Ubu, je ne comprends rien de ce que tu dis.

   Mère Ubu : Tu es si bête !

   Père Ubu : De par ma chandelle verte[§], le roi Venceslas est encore bien vivant ; et même en admettant qu'il meure, 25   n'a-t-il pas des légions d'enfants ?

   Mère Ubu : Qui t'empêche de massacrer toute la famille et de te mettre à leur place ?

   Père Ubu : Ah ! Mère Ubu, vous me faites injure et vous allez passer tout à l'heure par la casserole[3].

30   **Mère Ubu** : Eh ! pauvre malheureux, si je passais par la casserole, qui te raccommoderait tes fonds de culotte ?

   Père Ubu : Eh vraiment ! et puis après ? N'ai-je pas un cul comme les autres ?

   Mère Ubu : À ta place, ce cul, je voudrais l'installer sur un 35   trône. Tu pourrais augmenter indéfiniment tes richesses, manger fort souvent de l'andouille[4] et rouler carrosse par les rues.

---

1   *estafiers* : serviteurs armés qui portaient le manteau et les armes de leur maître.

2   *fiole* : mot familier qui désigne la tête.

3   *passer [...] par la casserole* : expression familière qui signifie «faire subir une situation très désagréable».

4   *andouille* : charcuterie qui consiste en une partie de gros intestin farci de lanières de boyaux de veau et de porc.

Père Ubu : Si j'étais roi, je me ferais construire une grande capeline[1] comme celle que j'avais en Aragon et que ces gredins d'Espagnols m'ont impudemment volée.

Mère Ubu : Tu pourrais aussi te procurer un parapluie et un grand caban[2] qui te tomberait sur les talons.

Père Ubu : Ah ! je cède à la tentation. Bougre[3] de merdre[§], merdre de bougre, si jamais je le rencontre au coin d'un bois, il passera un mauvais quart d'heure.

Mère Ubu : Ah ! bien, Père Ubu, te voilà devenu un véritable homme.

Père Ubu : Oh non ! moi, capitaine de dragons[§], massacrer le roi de Pologne ! plutôt mourir !

Mère Ubu, *à part* : Oh ! merdre ! (*Haut.*) Ainsi, tu vas rester gueux[4] comme un rat, Père Ubu.

Père Ubu : Ventrebleu, de par ma chandelle verte, j'aime mieux être gueux comme un maigre et brave rat que riche comme un méchant et gras chat.

Mère Ubu : Et la capeline ? et le parapluie ? et le grand caban ?

Père Ubu : Eh bien, après, Mère Ubu ? (*Il s'en va en claquant la porte.*)

Mère Ubu, *seule* : Vrout, merdre, il a été dur à la détente, mais vrout, merdre, je crois pourtant l'avoir ébranlé. Grâce à Dieu et à moi-même, peut-être dans huit jours serai-je reine de Pologne.

---

1 *capeline* : mot existant (chapeau mou féminin), mais dont Jarry se sert pour désigner une espèce de cape.
2 *caban* : grande veste de laine que portaient les marins.
3 *Bougre* : terme familier signifiant «espèce» ou «individu d'espèce inconnue».
4 *gueux* : personne de basse extraction, sans titre de noblesse et, par conséquent, sans la possibilité de conférer à d'autres des titres de noblesse.

SCÈNE 2

La scène représente une chambre de la maison
du Père Ubu où une table splendide est dressée.
PÈRE UBU, MÈRE UBU.

Mère Ubu : Eh ! nos invités sont bien en retard.

Père Ubu : Oui, de par ma chandelle verte[§]. Je crève de faim. Mère Ubu, tu es bien laide aujourd'hui. Est-ce parce
65 que nous avons du monde ?

Mère Ubu, *haussant les épaules* : Merdre[§].

Père Ubu, *saisissant un poulet rôti* : Tiens, j'ai faim. Je vais mordre dans cet oiseau. C'est un poulet, je crois. Il n'est pas mauvais.

70 **Mère Ubu** : Que fais-tu, malheureux ? Que mangeront nos invités ?

Père Ubu : Ils en auront encore bien assez. Je ne toucherai plus à rien. Mère Ubu, va donc voir à la fenêtre si nos invités arrivent.

75 **Mère Ubu**, *y allant* : Je ne vois rien. (*Pendant ce temps le Père Ubu dérobe une rouelle de veau.*)

Mère Ubu : Ah ! voilà le capitaine Bordure et ses partisans qui arrivent. Que manges-tu donc, Père Ubu ?

Père Ubu : Rien, un peu de veau.

Mère Ubu : Ah ! le veau ! le veau ! veau ! Il a mangé le veau !
80 Au secours !

Père Ubu : De par ma chandelle verte, je te vais arracher les yeux.

La porte s'ouvre.

SCÈNE 3

PÈRE UBU, MÈRE UBU, CAPITAINE BORDURE
et ses partisans.

Mère Ubu : Bonjour, messieurs, nous vous attendons avec impatience. Asseyez-vous.

85   **Capitaine Bordure** : Bonjour, madame. Mais où est donc le Père Ubu ?

Père Ubu : Me voilà ! me voilà ! Sapristi, de par ma chandelle verte, je suis pourtant assez gros[1].

Capitaine Bordure : Bonjour, Père Ubu. Asseyez-vous,
90   mes hommes. (*Ils s'asseyent tous.*)

Père Ubu : Ouf, un peu plus, j'enfonçais ma chaise.

Capitaine Bordure : Eh ! Mère Ubu ! que nous donnez-vous de bon aujourd'hui ?

Mère Ubu : Voici le menu.

95   **Père Ubu** : Oh ! ceci m'intéresse.

Mère Ubu : Soupe polonaise, côtes de rastron[2], veau, poulet, pâté de chien, croupions[3] de dinde, charlotte[4] russe…

Père Ubu : Eh ! en voilà assez, je suppose. Y en a-t-il encore ?

---

1 Insistance sur une évidence (le spectateur voit bien que Père Ubu est gros) dont la visée est comique et dérisoire.

2 *rastron* : mot inventé par Jarry, qui semble désigner un petit animal inoffensif, si ce n'est un petit rat.

3 *croupions* : extrémités postérieures du corps de l'oiseau qui servent de supports à la queue.

4 *charlotte* : type de gâteau aux fruits et à la crème.

100 **Mère Ubu**, *continuant* : Bombe[1], salade, fruits, dessert, bouilli, topinambours[2], choux-fleurs à la merdre[§].

Père Ubu : Eh ! me crois-tu empereur d'Orient pour faire de telles dépenses ?

Mère Ubu : Ne l'écoutez pas, il est imbécile.

105 **Père Ubu** : Ah ! je vais aiguiser mes dents contre vos mollets.

Mère Ubu : Dîne plutôt, Père Ubu. Voilà de la polonaise.

Père Ubu : Bougre[§], que c'est mauvais.

Capitaine Bordure : Ce n'est pas bon, en effet.

Mère Ubu : Tas d'Arabes, que vous faut-il ?

110 **Père Ubu**, *se frappant le front* : Oh ! j'ai une idée. Je vais revenir tout à l'heure. (*Il s'en va.*)

Mère Ubu : Messieurs, nous allons goûter du veau.

Capitaine Bordure : Il est très bon, j'ai fini.

Mère Ubu : Aux croupions[§], maintenant.

115 **Capitaine Bordure** : Exquis, exquis ! Vive la Mère Ubu.

Tous : Vive la Mère Ubu.

Père Ubu, *rentrant* : Et vous allez bientôt crier vive le Père Ubu. (*Il tient un balai innommable[3] à la main et le lance sur le festin.*)

Mère Ubu : Misérable, que fais-tu ?

120 **Père Ubu** : Goûtez un peu. (*Plusieurs goûtent et tombent empoisonnés.*)

---

1 *Bombe* : amas de crème glacée sculpté en forme de sphère, de cône ou de pyramide.

2 *topinambours* : type de tournesol dont la racine est généralement donnée à manger au bétail ; choux-raves.

3 balai innommable : balai des cabinets.

Mère Ubu : Bonjour, messieurs, nous vous attendons avec impatience. Asseyez-vous.

Père Ubu : Mère Ubu, passe-moi les côtelettes de rastron[§], que je serve.

Mère Ubu : Les voici.

Père Ubu : À la porte tout le monde ! Capitaine Bordure,
125 j'ai à vous parler.

Les autres : Eh ! nous n'avons pas dîné.

Père Ubu : Comment, vous n'avez pas dîné ! À la porte tout le monde ! Restez, Bordure. (*Personne ne bouge.*)

Père Ubu : Vous n'êtes pas partis ? De par ma chandelle
130 verte[§], je vais vous assommer de côtes de rastron. (*Il commence à en jeter.*)

Tous : Oh ! Aïe ! Au secours ! Défendons-nous ! malheur ! je suis mort !

Père Ubu : Merdre[§], merdre, merdre. À la porte ! je fais mon effet.

135 **Tous** : Sauve qui peut ! Misérable Père Ubu ! traître et gueux[§] voyou !

Père Ubu : Ah ! les voilà partis. Je respire, mais j'ai fort mal dîné. Venez, Bordure. (*Ils sortent avec la Mère Ubu.*)

SCÈNE 4

PÈRE UBU, MÈRE UBU, CAPITAINE BORDURE.

Père Ubu : Eh bien, capitaine, avez-vous bien dîné ?

140 **Capitaine Bordure** : Fort bien, monsieur, sauf la merdre.

Père Ubu : Eh ! la merdre n'était pas mauvaise.

Mère Ubu : Chacun son goût.

Père Ubu : Capitaine Bordure, je suis décidé à vous faire duc de Lithuanie.

145 **Capitaine Bordure** : Comment, je vous croyais fort gueux, Père Ubu.

Père Ubu : Dans quelques jours, si vous voulez, je règne en Pologne.

Capitaine Bordure : Vous allez tuer Venceslas ?

150 **Père Ubu** : Il n'est pas bête, ce bougre§, il a deviné.

Capitaine Bordure : S'il s'agit de tuer Venceslas, j'en suis. Je suis son mortel ennemi et je réponds de mes hommes.

Père Ubu, *se jetant sur lui pour l'embrasser* : Oh ! Oh ! je vous aime beaucoup, Bordure.

155 **Capitaine Bordure** : Eh ! vous empestez, Père Ubu. Vous ne vous lavez donc jamais ?

Père Ubu : Rarement.

Mère Ubu : Jamais !

Père Ubu : Je vais te marcher sur les pieds.

160 **Mère Ubu** : Grosse merdre !

Père Ubu : Allez, Bordure, j'en ai fini avec vous. Mais par ma chandelle verte, je jure sur la Mère Ubu de vous faire duc de Lithuanie.

Mère Ubu : Mais…

165 **Père Ubu** : Tais-toi, ma douce enfant.

Ils sortent.

SCÈNE 5

PÈRE UBU, MÈRE UBU, UN MESSAGER.

Père Ubu : Monsieur, que voulez-vous ? fichez le camp, vous me fatiguez.

Le Messager : Monsieur, vous êtes appelé de par le roi.

Il sort.

170 **Père Ubu** : Oh ! merdre§, jarnicotonbleu[1], de par ma chandelle verte§, je suis découvert, je vais être décapité ! hélas ! hélas ! !

Mère Ubu : Quel homme mou ! et le temps presse.

Père Ubu : Oh ! j'ai une idée : je dirai que c'est la Mère Ubu et Bordure.

175 **Mère Ubu** : Ah ! gros P.U.[2], si tu fais ça…

Père Ubu : Eh ! j'y vais de ce pas.

Il sort.

Mère Ubu, *courant après lui* : Oh ! Père Ubu, Père Ubu, je te donnerai de l'andouille§.

Elle sort.

180 **Père Ubu**, *dans la coulisse* : Oh ! merdre ! tu en es une fière, d'andouille[3].

---

1 *jarnicotonbleu* : juron propre à Père Ubu qui combine «jarnicoton» et «jarnidieu», jurons populaires dans le Valois (région de France).

2 *P.U.* : Père Ubu.

3 *andouille* : jeu de mots sur l'expression *andouille*, qui, familièrement, signifie aussi «imbécile».

SCÈNE 6

Le palais du roi.
LE ROI VENCESLAS, *entouré de ses officiers*;
BORDURE; *les fils du roi*, BOLESLAS, LADISLAS
et BOUGRELAS. *Puis* LE PÈRE UBU.

Père Ubu, *entrant*: Oh! vous savez, ce n'est pas moi, c'est la Mère Ubu et Bordure.

Le Roi: Qu'as-tu, Père Ubu?

Bordure: Il a trop bu.

185 **Le Roi**: Comme moi ce matin.

Père Ubu: Oui, je suis saoul, c'est parce que j'ai bu trop de vin de France.

Le Roi: Père Ubu, je tiens à récompenser tes nombreux services comme capitaine de dragons[§], et je te fais
190 aujourd'hui comte de Sandomir.

Père Ubu: Ô monsieur Venceslas, je ne sais comment vous remercier.

Le Roi: Ne me remercie pas, Père Ubu, et trouve-toi demain matin à la grande revue.

195 **Père Ubu**: J'y serai, mais acceptez, de grâce, ce petit mirliton[1].

Il présente au roi un mirliton.

Le Roi: Que veux-tu à mon âge que je fasse d'un mirliton? Je le donnerai à Bougrelas.

Le jeune Bougrelas: Est-il bête, ce Père Ubu.

---

1 *mirliton*: flûte rudimentaire de peu de valeur.

200 **Père Ubu** : Et maintenant, je vais foutre le camp. (*Il tombe en se retournant.*) Oh ! aïe ! au secours ! De par ma chandelle verte[§], je me suis rompu l'intestin et crevé la bouzine[1] !

Le Roi, *le relevant* : Père Ubu, vous estes[§]-vous fait mal ?

Père Ubu : Oui certes, et je vais sûrement crever. Que
205 deviendra la Mère Ubu ?

Le Roi : Nous pourvoirons à[2] son entretien.

Père Ubu : Vous avez bien de la bonté de reste. (*Il sort.*) Oui, mais, roi Venceslas, tu n'en seras pas moins massacré.

SCÈNE 7

La maison du Père Ubu.
GIRON, PILE, COTICE, PÈRE UBU, MÈRE UBU,
Conjurés et Soldats, CAPITAINE BORDURE.

Père Ubu : Eh ! mes bons amis, il est grand temps d'arrêter
210 le plan de la conspiration. Que chacun donne son avis. Je vais d'abord donner le mien, si vous le permettez.

Capitaine Bordure : Parlez, Père Ubu.

Père Ubu : Eh bien, mes amis, je suis d'avis d'empoisonner simplement le roi en lui fourrant de l'arsenic dans son
215 déjeuner. Quand il voudra le brouter[3] il tombera mort, et ainsi je serai roi.

---

1 *bouzine* : mot emprunté à François Rabelais, qui s'en servait pour renvoyer à la cornemuse ; Jarry s'en sert pour désigner le ventre de Père Ubu.

2 *Nous pourvoirons à* : nous nous occuperons de.

3 *brouter* : manger, quand il s'agit d'une vache ou de n'importe quel autre ruminant.

Tous : Fi, le sagouin[1] !

Père Ubu : Eh quoi, cela ne vous plaît pas ? Alors que Bordure donne son avis.

220 Capitaine Bordure : Moi, je suis d'avis de lui ficher un grand coup d'épée qui le fendra de la tête à la ceinture.

Tous : Oui ! voilà qui est noble et vaillant.

Père Ubu : Et s'il vous donne des coups de pied ? Je me rappelle maintenant qu'il a pour les revues des souliers de
225 fer qui font très mal. Si je savais, je filerais vous dénoncer pour me tirer de cette sale affaire, et je pense qu'il me donnerait aussi de la monnaie.

Mère Ubu : Oh ! le traître, le lâche, le vilain et plat ladre[2].

Tous : Conspuez[3] le Père Ubu !

230 Père Ubu : Hé, messieurs, tenez-vous tranquilles si vous ne voulez visiter mes poches[4]. Enfin je consens à m'exposer pour vous. De la sorte, Bordure, tu te charges de pourfendre le roi.

Capitaine Bordure : Ne vaudrait-il pas mieux nous jeter
235 tous à la fois sur lui en braillant[5] et gueulant ? Nous aurions chance ainsi d'entraîner les troupes.

Père Ubu : Alors, voilà. Je tâcherai de lui marcher sur les pieds, il regimbera[6], alors je lui dirai : merdre[§], et à ce signal vous vous jetterez sur lui.

---

1 *sagouin* : terme familier qui désigne un enfant malpropre ou mal élevé.
2 *ladre* : terme soutenu qui signifie «avare».
3 *Conspuez* : huez (acte bruyant par lequel un groupe exprime sa désapprobation de quelqu'un).
4 *visiter mes poches* : Père Ubu range les gens qu'il démolit dans ses poches.
5 *en braillant* : en criant de manière assourdissante.
6 *regimbera* : résistera en se plaignant.

240 **Mère Ubu** : Oui, et dès qu'il sera mort tu prendras son sceptre et sa couronne.

Capitaine Bordure : Et je courrai avec mes hommes à la poursuite de la famille royale.

Père Ubu : Oui, et je te recommande spécialement le jeune
245 Bougrelas.

Ils sortent.

Père Ubu, *courant après et les faisant revenir* : Messieurs, nous avons oublié une cérémonie indispensable, il faut jurer de nous escrimer[1] vaillamment.

Capitaine Bordure : Et comment faire ? Nous n'avons pas
250 de prêtre[2].

Père Ubu : La Mère Ubu va en tenir lieu.

Tous : Eh bien, soit.

Père Ubu : Ainsi vous jurez de bien tuer le roi ?

Tous : Oui, nous le jurons. Vive le Père Ubu !

FIN DU PREMIER ACTE

---

1 *escrimer* : battre avec des épées.
2 À l'époque représentée, la meilleure garantie que l'on tiendrait parole était de jurer devant un prêtre, car cela engageait aussi l'âme.

Véritable portrait de Monsieur Ubu réalisé par Jarry, 1896.

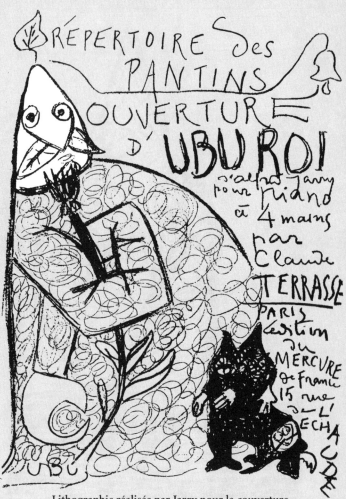

Lithographie réalisée par Jarry pour la couverture
d'un cahier de ses illustrations, 1898.

ACTE II

SCÈNE 1

Le palais du roi.
VENCESLAS, LA REINE ROSEMONDE, BOLESLAS,
LADISLAS *et* BOUGRELAS.

255 **Le Roi** : Monsieur Bougrelas, vous avez été ce matin fort impertinent avec Monsieur Ubu, chevalier de mes ordres et comte de Sandomir. C'est pourquoi je vous défends de paraître à ma revue.

La Reine : Cependant, Venceslas, vous n'auriez pas trop de
260 toute votre famille pour vous défendre.

Le Roi : Madame, je ne reviens jamais sur ce que j'ai dit. Vous me fatiguez avec vos sornettes.

Le jeune Bougrelas : Je me soumets, monsieur mon père.

La Reine : Enfin, sire, êtes-vous toujours décidé à aller à
265 cette revue ?

Le Roi : Pourquoi non, madame ?

La Reine : Mais, encore une fois, ne l'ai-je pas vu en songe vous frappant de sa masse d'armes et vous jetant dans la Vistule[1], et un aigle comme celui qui figure dans les armes de
270 Pologne lui plaçant la couronne sur la tête ?

Le Roi : À qui ?

La Reine : Au Père Ubu.

---

1 *la Vistule* : fleuve qui traverse la capitale polonaise.

Le Roi : Quelle folie. Monsieur de Ubu est un fort bon gentilhomme, qui se ferait tirer à quatre chevaux[1] pour
275   mon service.

La Reine et Bougrelas : Quelle erreur.

Le Roi : Taisez-vous, jeune sagouin[§]. Et vous, madame, pour vous prouver combien je crains peu Monsieur Ubu, je vais aller à la revue comme je suis, sans arme et sans épée.

280   La Reine : Fatale imprudence, je ne vous reverrai pas vivant.

Le Roi : Venez, Ladislas, venez, Boleslas. (*Ils sortent. La Reine et Bougrelas vont à la fenêtre.*)

La Reine et Bougrelas : Que Dieu et le grand saint Nicolas vous gardent.

285   La Reine : Bougrelas, venez dans la chapelle avec moi prier pour votre père et vos frères.

SCÈNE 2

Le champ des revues.
L'armée polonaise, LE ROI, BOLESLAS, LADISLAS, PÈRE UBU,
CAPITAINE BORDURE *et ses hommes*, GIRON, PILE, COTICE.

Le Roi : Noble Père Ubu, venez près de moi avec votre suite pour inspecter les troupes.

Père Ubu, *aux siens* : Attention, vous autres. (*Au Roi.*) On y
290   va, monsieur, on y va. (*Les hommes du Père Ubu entourent le Roi.*)

---

1   *tirer à quatre chevaux* : écarteler par quatre chevaux qui vont dans des directions contraires.

Le Roi : Ah ! voici le régiment des gardes à cheval de Dantzick[1]. Ils sont fort beaux, ma foi.

Père Ubu : Vous trouvez ? Ils me paraissent misérables. Regardez celui-ci. (*Au soldat.*) Depuis combien de temps ne
295 t'es-tu débarbouillé, ignoble drôle ?

Le Roi : Mais ce soldat est fort propre. Qu'avez-vous donc, Père Ubu ?

Père Ubu : Voilà ! (*Il lui écrase le pied.*)

Le Roi : Misérable !

300 **Père Ubu** : Merdre[§]. À moi, mes hommes !

Bordure : Hurrah ! en avant ! (*Tous frappent le Roi, un Palotin[2] explose.*)

Le Roi : Oh ! au secours ! Sainte Vierge, je suis mort.

Boleslas, *à Ladislas* : Qu'est-ce là ? Dégaînons[3].

Père Ubu : Ah ! j'ai la couronne ! Aux autres, maintenant.

305 **Capitaine Bordure** : Sus aux traîtres ! (*Les fils du Roi s'enfuient, tous les poursuivent.*)

---

1 *Dantzick* : importante ville portuaire au nord de la Pologne, qui s'appelle aujourd'hui Gdańsk.

2 Palotin : serviteur spécialisé dans le maniement du pal, instrument de torture.

3 *Dégaînons* : l'accent circonflexe dans ce mot est une faute courante chez Jarry.

SCÈNE 3

LA REINE *et* BOUGRELAS.

La Reine : Enfin, je commence à me rassurer.

Bougrelas : Vous n'avez aucun sujet de crainte.

*Une effroyable clameur
se fait entendre au dehors.*

Bougrelas : Ah ! que vois-je ? Mes deux frères poursuivis par le Père Ubu et ses hommes.

310   **La Reine** : Ô mon Dieu ! Sainte Vierge, ils perdent, ils perdent du terrain !

Bougrelas : Toute l'armée suit le Père Ubu. Le Roi n'est plus là. Horreur ! Au secours !

La Reine : Voilà Boleslas mort ! Il a reçu une balle.

315   **Bougrelas** : Eh ! (*Ladislas se retourne.*) Défends-toi ! Hurrah, Ladislas.

La Reine : Oh ! Il est entouré.

Bougrelas : C'en est fait de lui. Bordure vient de le couper en deux comme une saucisse.

320   **La Reine** : Ah ! Hélas ! Ces furieux pénètrent dans le palais, ils montent l'escalier.

La clameur augmente.

La Reine et Bougrelas, *à genoux* : Mon Dieu, défendez-nous.

Bougrelas : Oh ! ce Père Ubu ! le coquin, le misérable, si
325   je le tenais…

SCÈNE 4

LES MÊMES, *la porte est défoncée,*
LE PÈRE UBU *et les forcenés[1] pénètrent.*

Père Ubu : Eh ! Bougrelas, que me veux-tu faire ?

Bougrelas : Vive Dieu ! je défendrai ma mère jusqu'à la mort ! Le premier qui fait un pas est mort.

Père Ubu : Oh ! Bordure, j'ai peur ! laissez-moi m'en aller.

330 **Un Soldat** *avance* : Rends-toi, Bougrelas !

Le jeune Bougrelas : Tiens, voyou ! voilà ton compte ! (*Il lui fend le crâne.*)

La Reine : Tiens bon, Bougrelas, tiens bon !

Plusieurs *avancent* : Bougrelas, nous te promettons la vie sauve.

335 **Bougrelas** : Chenapans, sacs à vin, sagouins[§] payés !

*Il fait le moulinet avec son épée
et en fait un massacre.*

Père Ubu : Oh ! je vais bien en venir à bout tout de même !

Bougrelas : Mère, sauve-toi par l'escalier secret.

La Reine : Et toi, mon fils, et toi ?

Bougrelas : Je te suis.

340 **Père Ubu** : Tâchez d'attraper la reine. Ah ! la voilà partie. Quant à toi, misérable !... (*Il s'avance vers Bougrelas.*)

---

1 forcenés : personnes emportées par la folie furieuse.

BOUGRELAS : Ah ! vive Dieu ! voilà ma vengeance ! (*Il lui découd la boudouille*[1] *d'un terrible coup d'épée.*) Mère, je te suis ! (*Il disparaît par l'escalier secret.*)

SCÈNE 5

Une caverne dans les montagnes.
Le jeune BOUGRELAS *entre suivi de* ROSEMONDE.

BOUGRELAS : Ici, nous serons en sûreté.

345   **LA REINE** : Oui, je le crois ! Bougrelas, soutiens-moi ! (*Elle tombe sur la neige.*)

BOUGRELAS : Ha ! qu'as-tu, ma mère ?

LA REINE : Je suis bien malade, crois-moi, Bougrelas. Je n'en ai plus que pour deux heures à vivre.

BOUGRELAS : Quoi ! le froid t'aurait-il saisie ?

350   **LA REINE** : Comment veux-tu que je résiste à tant de coups ? Le roi massacré, notre famille détruite, et toi, représentant de la plus noble race qui ait jamais porté l'épée, forcé de t'enfuir dans les montagnes comme un contrebandier.

BOUGRELAS : Et par qui, grand Dieu ! par qui ? Un vulgaire
355   Père Ubu, aventurier sorti on ne sait d'où, vile crapule, vagabond honteux ! Et quand je pense que mon père l'a décoré et fait comte et que le lendemain ce vilain n'a pas eu honte de porter la main sur lui.

LA REINE : Ô Bougrelas ! Quand je me rappelle combien
360   nous étions heureux avant l'arrivée de ce Père Ubu ! Mais maintenant, hélas ! tout est changé !

---

1   Il lui découd la boudouille : il découd le ventre de Père Ubu.

Bougrelas : Que veux-tu ? Attendons avec espérance et ne renonçons jamais à nos droits.

La Reine : Je te le souhaite, mon cher enfant, mais pour moi
365 je ne verrai pas cet heureux jour.

Bougrelas : Eh ! qu'as-tu ? Elle pâlit, elle tombe, au secours ! Mais je suis dans un désert ! Ô mon Dieu ! son cœur ne bat plus. Elle est morte ! Est-ce possible ? Encore une victime du Père Ubu ! (*Il se cache la figure dans les mains et pleure.*) Ô mon
370 Dieu ! qu'il est triste de se voir seul à quatorze ans avec une vengeance terrible à poursuivre ! (*Il tombe en proie au plus violent désespoir.*)

> *Pendant ce temps les Âmes de Venceslas, de Boleslas,*
> *de Ladislas, de Rosemonde entrent dans la grotte,*
> *leurs Ancêtres les accompagnent et remplissent*
> *la grotte. Le plus vieux s'approche de Bougrelas*
> *et le réveille doucement.*

Bougrelas : Eh ! que vois-je ? toute ma famille, mes ancêtres… Par quel prodige ?

L'Ombre : Apprends, Bougrelas, que j'ai été pendant ma vie
375 le seigneur Mathias de Kœnigsberg[1], le premier roi et le fondateur de la maison. Je te remets le soin de notre vengeance. (*Il lui donne une grande épée.*) Et que cette épée que je te donne n'ait de repos que quand elle aura frappé de mort l'usurpateur[2].

> *Tous disparaissent, et Bougrelas reste seul*
> *dans l'attitude de l'extase.*

---

1 *Kœnigsberg* : ville donnant sur la mer Baltique qui, rebaptisée Kaliningrad, fait aujourd'hui partie de la Russie.

2 *usurpateur* : personne qui a volé le pouvoir à un souverain légitime.

SCÈNE 6

Le palais du roi.
PÈRE UBU, MÈRE UBU, CAPITAINE BORDURE.

380   **Père Ubu** : Non, je ne veux pas, moi ! Voulez-vous me ruiner pour ces bouffres[1] ?

Capitaine Bordure : Mais enfin, Père Ubu, ne voyez-vous pas que le peuple attend le don de joyeux avènement[2] ?

Mère Ubu : Si tu ne fais pas distribuer des viandes et de l'or,
385   tu seras renversé d'ici deux heures.

Père Ubu : Des viandes, oui ! de l'or, non ! Abattez trois vieux chevaux, c'est bien bon pour de tels sagouins[§].

Mère Ubu : Sagouin toi même ! Qui m'a bâti un animal de cette sorte ?

390   **Père Ubu** : Encore une fois, je veux m'enrichir, je ne lâcherai pas un sou.

Mère Ubu : Quand on a entre les mains tous les trésors de la Pologne.

Capitaine Bordure : Oui, je sais qu'il y a dans la chapelle
395   un immense trésor, nous le distribuerons.

Père Ubu : Misérable, si tu fais ça !

Capitaine Bordure : Mais, Père Ubu, si tu ne fais pas de distributions le peuple ne voudra pas payer les impôts.

Père Ubu : Est-ce bien vrai ?

---

1   *bouffres* : mot injurieux inventé, dérivé du verbe familier «bouffer», que Père Ubu emploie pour signifier «bougres qui mangent mon avoir».

2   *le don de joyeux avènement* : la fête donnée par un nouveau roi pour célébrer son accession au trône.

400   **Mère Ubu** : Oui, oui !

Père Ubu : Oh, alors je consens à tout. Réunissez trois millions, cuisez cent cinquante bœufs et moutons, d'autant plus que j'en aurai aussi !

Ils sortent.

SCÈNE 7

La cour du palais pleine de peuple.
PÈRE UBU *couronné*, MÈRE UBU, CAPITAINE BORDURE,
LARBINS *chargés de viande.*

Peuple : Voilà le Roi ! Vive le Roi ! hurrah !

405   **Père Ubu**, *jetant de l'or* : Tenez, voilà pour vous. Ça ne m'amusait guère de vous donner de l'argent, mais vous savez, c'est la Mère Ubu qui a voulu. Au moins promettez-moi de bien payer les impôts.

Tous : Oui, oui !

410   **Capitaine Bordure** : Voyez, Mère Ubu, s'ils se disputent cet or[1]. Quelle bataille !

Mère Ubu : Il est vrai que c'est horrible. Pouah ! en voilà un qui a le crâne fendu.

Père Ubu : Quel beau spectacle ! Amenez d'autres
415   caisses d'or.

Capitaine Bordure : Si nous faisions une course.

---

1   *s'ils se disputent cet or* : aujourd'hui, on dirait «*comme* ils se disputent cet or».

Père Ubu : Oui, c'est une idée. (*Au Peuple.*) Mes amis, vous voyez cette caisse d'or, elle contient trois cent mille nobles à la rose en or, en monnaie polonaise et de bon aloi[1]. Que ceux
420 qui veulent courir se mettent au bout de la cour. Vous partirez quand j'agiterai mon mouchoir et le premier arrivé aura la caisse. Quant à ceux qui ne gagneront pas, ils auront comme consolation cette autre caisse qu'on leur partagera.

Tous : Oui ! Vive le Père Ubu ! Quel bon roi ! On n'en voyait
425 pas tant du temps de Venceslas.

Père Ubu, *à la Mère Ubu, avec joie* : Écoute-les ! (*Tout le Peuple va se ranger au bout de la cour.*)

Père Ubu : Une, deux, trois ! Y êtes-vous ?

Tous : Oui ! oui !

Père Ubu : Partez ! (*Ils partent en se culbutant. Cris et tumulte.*)

430 **Capitaine Bordure** : Ils approchent ! ils approchent !

Père Ubu : Eh ! le premier perd du terrain.

Mère Ubu : Non, il regagne maintenant.

Capitaine Bordure : Oh ! il perd, il perd ! fini ! c'est l'autre ! (*Celui qui était deuxième arrive le premier.*)

435 **Tous** : Vive Michel Fédérovitch[2] ! Vive Michel Fédérovitch !

Michel Fédérovitch : Sire, je ne sais vraiment comment remercier Votre Majesté…

Père Ubu : Oh ! mon cher ami, ce n'est rien. Emporte ta caisse chez toi, Michel ; et vous, partagez-vous cette autre,
440 prenez une pièce chacun jusqu'à ce qu'il n'y en ait plus.

---

1 *monnaie […] de bon aloi* : argent authentifié, de bonne qualité.
2 *Michel Fédérovitch* : nom historique du père du czar Alexis (contre lequel se battra Père Ubu) que Jarry attribue à un Polonais ordinaire, mais qui court bien.

Tous : Vive Michel Fédérovitch ! Vive le Père Ubu !

Père Ubu : Et vous, mes amis, venez dîner ! Je vous ouvre aujourd'hui les portes du palais, veuillez faire honneur à ma table !

445   **Le Peuple** : Entrons ! Entrons ! Vive le Père Ubu ! c'est le plus noble des souverains !

> *Ils entrent dans le palais. On entend le bruit*
> *de l'orgie[1] qui se prolonge jusqu'au lendemain.*
> *La toile tombe.*

FIN DU DEUXIÈME ACTE

---

1 orgie : repas excessivement copieux.

Lithographie réalisée par Jarry pour la couverture
d'un cahier de ses illustrations, 1898.

ACTE III

SCÈNE 1

Le palais.
PÈRE UBU, MÈRE UBU.

Père Ubu : De par ma chandelle verte§, me voici roi dans ce pays. Je me suis déjà flanqué une indigestion et on va m'apporter ma grande capeline§.

450　**Mère Ubu** : En quoi est-elle, Père Ubu ? car nous avons beau être rois, il faut être économes.

Père Ubu : Madame ma femelle, elle est en peau de mouton, avec une agrafe et des brides en peau de chien.

Mère Ubu : Voilà qui est beau, mais il est encore plus beau
455　d'être rois.

Père Ubu : Oui, tu as eu raison, Mère Ubu.

Mère Ubu : Nous avons une grande reconnaissance au duc de Lithuanie.

Père Ubu : Qui donc ?

460　**Mère Ubu** : Eh ! le capitaine Bordure.

Père Ubu : De grâce, Mère Ubu, ne me parle pas de ce bouffre§. Maintenant que je n'ai plus besoin de lui il peut bien se brosser le ventre[1], il n'aura point son duché.

Mère Ubu : Tu as grand tort, Père Ubu, il va se tourner
465　contre toi.

1　*se brosser le ventre* : référence familière à l'onanisme.

Père Ubu : Oh ! je le plains bien, ce petit homme, je m'en
soucie autant que de Bougrelas.

Mère Ubu : Eh ! crois-tu en avoir fini avec Bougrelas ?

Père Ubu : Sabre à finances, évidemment ! que veux-tu
470 qu'il me fasse, ce petit sagouin§ de quatorze ans ?

Mère Ubu : Père Ubu, fais attention à ce que je te dis.
Crois-moi, tâche de t'attacher Bougrelas par tes bienfaits.

Père Ubu : Encore de l'argent à donner. Ah ! non, du
coup ! vous m'avez fait gâcher bien vingt-deux millions.

475 **Mère Ubu** : Fais à ta tête[1], Père Ubu, il t'en cuira[2].

Père Ubu : Eh bien, tu seras avec moi dans la marmite.

Mère Ubu : Écoute, encore une fois, je suis sûre que le jeune
Bougrelas l'emportera, car il a pour lui le bon droit.

Père Ubu : Ah ! saleté ! le mauvais droit ne vaut-il pas le
480 bon ? Ah ! tu m'injuries, Mère Ubu, je vais te mettre en
morceaux. (*La Mère Ubu se sauve poursuivie par le Père Ubu.*)

---

1 *Fais à ta* tête : expression familière qui signifie «agir selon son humeur, spontanément». (Mère Ubu ironise.)

2 *il t'en cuira* : expression familière par laquelle Mère Ubu exprime à Père Ubu que
son comportement radin lui attirera des ennuis.

SCÈNE 2

La grande salle du palais.
PÈRE UBU, MÈRE UBU, OFFICIERS *et* SOLDATS,
GIRON, PILE, COTICE, NOBLES *enchaînés*,
FINANCIERS, MAGISTRATS, GREFFIERS.

Père Ubu : Apportez la caisse à Nobles et le crochet à
Nobles et le couteau à Nobles et le bouquin à Nobles[1] !
ensuite, faites avancer les Nobles.

On pousse brutalement les Nobles.

485 **Mère Ubu** : De grâce, modère-toi, Père Ubu.

Père Ubu : J'ai l'honneur de vous annoncer que pour
enrichir le royaume je vais faire périr tous les Nobles et
prendre leurs biens.

Nobles : Horreur ! à nous, peuple et soldats !

490 **Père Ubu** : Amenez le premier Noble et passez-moi le
crochet à Nobles. Ceux qui seront condamnés à mort, je les
passerai dans la trappe, ils tomberont dans les sous-sols du
Pince-Porc et de la Chambre-à-Sous[2], où on les décervèlera.
(*Au Noble.*) Qui es-tu, bouffre§ ?

495 **Le Noble** : Comte de Vitepsk.

Père Ubu : De combien sont tes revenus ?

Le Noble : Trois millions de rixdales[3].

Père Ubu : Condamné ! (*Il le prend avec le crochet et le passe
dans le trou.*)

---

1   *caisse à Nobles [...]* : ces réalités inventées par Jarry composent les instruments
    conçus pour extorquer les Nobles.

2   *les sous-sols [...]* : ce lieu, déjà évoqué dans *César-Antéchrist* comme des latrines,
    est le lieu où l'avoir des Nobles leur sera brutalement retiré.

3   *rixdales* : ancienne monnaie que l'on utilisait dans le nord et l'est de l'Europe.

Mère Ubu : Quelle basse férocité !

500 **Père Ubu** : Second Noble, qui es-tu ? (*Le Noble ne répond rien.*) Répondras-tu, bouffre[§] ?

Le Noble : Grand-duc de Posen.

Père Ubu : Excellent ! excellent ! Je n'en demande pas plus long. Dans la trappe. Troisième Noble, qui es-tu ? tu as
505 une sale tête.

Le Noble : Duc de Courlande, des villes de Riga, de Revel et de Mitau.

Père Ubu : Très bien ! très bien ! Tu n'as rien autre chose ?

Le Noble : Rien.

510 **Père Ubu** : Dans la trappe, alors. Quatrième Noble, qui es-tu ?

Le Noble : Prince de Podolie.

Père Ubu : Quels sont tes revenus ?

Le Noble : Je suis ruiné.

515 **Père Ubu** : Pour cette mauvaise parole, passe dans la trappe. Cinquième Noble, qui es-tu ?

Le Noble : Margrave[1] de Thorn, palatin[2] de Polock.

Père Ubu : Ça n'est pas lourd. Tu n'as rien autre chose ?

Le Noble : Cela me suffisait.

520 **Père Ubu** : Eh bien ! mieux vaut peu que rien. Dans la trappe. Qu'as-tu à pigner[3], Mère Ubu ?

Mère Ubu : Tu es trop féroce, Père Ubu.

---

1 *Margrave* : ancien titre de prince allemand.

2 *palatin* : comte allemand.

3 *pigner* : régionalisme français qui signifie « montrer son mécontentement ».

Père Ubu : Eh ! je m'enrichis. Je vais faire lire ma liste de mes biens. Greffier, lisez ma liste de mes biens.

525 **Le Greffier** : Comté de Sandomir.

Père Ubu : Commence par les principautés, stupide bougre[§] !

Le Greffier : Principauté de Podolie, grand-duché de Posen, duché de Courlande, comté de Sandomir, comté de Vitepsk, palatinat de Polock, margraviat de Thorn.

530 **Père Ubu** : Et puis après ?

Le Greffier : C'est tout.

Père Ubu : Comment, c'est tout ! Oh bien alors, en avant les Nobles, et comme je ne finirai pas de m'enrichir je vais faire exécuter tous les Nobles, et ainsi j'aurai tous les biens
535 vacants. Allez, passez les Nobles dans la trappe. (*On empile les Nobles dans la trappe.*) Dépêchez-vous plus vite, je veux faire des lois maintenant.

Plusieurs : On va voir ça.

Père Ubu : Je vais d'abord réformer la justice, après quoi
540 nous procéderons aux finances.

Plusieurs Magistrats : Nous nous opposons à tout changement.

Père Ubu : Merdre[§]. D'abord les magistrats ne seront plus payés.

545 **Magistrats** : Et de quoi vivrons-nous ? Nous sommes pauvres.

Père Ubu : Vous aurez les amendes que vous prononcerez et les biens des condamnés à mort.

Un Magistrat : Horreur.

550 **Deuxième** : Infamie.

Troisième : Scandale.

Quatrième : Indignité.

Tous : Nous nous refusons à juger dans des conditions pareilles.

555 **Père Ubu** : À la trappe les magistrats ! (*Ils se débattent en vain.*)

Mère Ubu : Eh ! que fais-tu, Père Ubu ? Qui rendra maintenant la justice ?

Père Ubu : Tiens ! moi. Tu verras comme ça marchera bien.

Mère Ubu : Oui, ce sera du propre.

560 **Père Ubu** : Allons, tais-toi, bouffresque[1]. Nous allons maintenant, messieurs, procéder aux finances.

Financiers : Il n'y a rien à changer.

Père Ubu : Comment, je veux tout changer, moi. D'abord je veux garder pour moi la moitié des impôts.

565 **Financiers** : Pas gêné.

Père Ubu : Messieurs, nous établirons un impôt de dix pour cent sur la propriété, un autre sur le commerce et l'industrie, et un troisième sur les mariages et un quatrième sur les décès, de quinze francs chacun.

570 **Premier Financier** : Mais c'est idiot, Père Ubu.

Deuxième Financier : C'est absurde.

Troisième Financier : Ça n'a ni queue ni tête.

Père Ubu : Vous vous fichez de moi ! Dans la trappe les financiers ! (*On enfourne les financiers.*)

---

1 *bouffresque* : le néologisme injurieux «bouffre», au féminin (comme «Maure» au féminin devient «Mauresque»).

575 **Mère Ubu** : Mais enfin, Père Ubu, quel roi tu fais, tu massacres tout le monde.

Père Ubu : Eh merdre[§] !

Mère Ubu : Plus de justice, plus de finances.

Père Ubu : Ne crains rien, ma douce enfant, j'irai moi-
580 même de village en village recueillir les impôts.

SCÈNE 3

Une maison de paysans dans les environs de Varsovie[1].
PLUSIEURS PAYSANS *sont assemblés.*

Un Paysan, *entrant* : Apprenez la grande nouvelle. Le roi est mort, les ducs aussi et le jeune Bougrelas s'est sauvé avec sa mère dans les montagnes. De plus, le Père Ubu s'est emparé du trône.

585 **Un autre** : J'en sais bien d'autres. Je viens de Cracovie[2], où j'ai vu emporter les corps de plus de trois cents nobles et de cinq cents magistrats qu'on a tués, et il paraît qu'on va doubler les impôts et que le Père Ubu viendra les ramasser lui-même.

590 **Tous** : Grand Dieu ! qu'allons-nous devenir ? le Père Ubu est un affreux sagouin[§] et sa famille est, dit-on, abominable.

Un Paysan : Mais, écoutez : ne dirait-on pas qu'on frappe à la porte ?

---

1 Varsovie : capitale de la Pologne.
2 *Cracovie* : deuxième ville de Pologne.

Une Voix, *au dehors* : Cornegidouille[1] ! Ouvrez, de par
595 ma merdre[§], par saint Jean, saint Pierre et saint Nicolas !
ouvrez, sabre à finances, corne finances, je viens chercher les
impôts ! (*La porte est défoncée, le Père Ubu pénètre suivi d'une
légion de Grippe-Sous*[2].)

SCÈNE 4

Père Ubu : Qui de vous est le plus vieux ? (*Un Paysan
s'avance.*) Comment te nommes-tu ?

600 Le Paysan : Stanislas Leczinski[3].

Père Ubu : Eh bien, cornegidouille, écoute-moi bien, sinon
ces messieurs te couperont les oneilles[4]. Mais, vas-tu
m'écouter enfin ?

Stanislas : Mais Votre Excellence n'a encore rien dit.

605 Père Ubu : Comment, je parle depuis une heure. Crois-tu
que je vienne ici pour prêcher dans le désert[5] ?

Stanislas : Loin de moi cette pensée.

Père Ubu : Je viens donc te dire, t'ordonner et te signifier
que tu aies à produire et exhiber promptement ta finance,

---

1 *Cornegidouille* : juron ubuesque qui, à cause de la terminaison en -ouille, renvoie
   au sens péjoratif et phallique de l'andouille.
2 Grippe-Sous : gens avares à la solde de Père Ubu et qui sont les spécialistes du
   prélèvement des taxes.
3 *Stanislas Leczinski* : nom historique d'un des plus grands rois de Pologne, que Jarry
   donne à un vieux et pauvre paysan.
4 *oneilles* : oreilles, avec une substitution toute ludique de la lettre *r* par la lettre *n*.
5 *prêcher dans le désert* : allusion biblique dérisoire à saint Jean-Baptiste.

610 sinon tu seras massacré. Allons, messeigneurs les salopins[1] de finance, voiturez ici le voiturin à phynances[2]. (*On apporte le voiturin.*)

STANISLAS : Sire, nous ne sommes inscrits sur le registre que pour cent cinquante-deux rixdales[§] que nous avons déjà payées, il y aura tantôt six semaines à la Saint Mathieu.

615 **PÈRE UBU** : C'est fort possible, mais j'ai changé le gouvernement et j'ai fait mettre dans le journal qu'on paierait deux fois tous les impôts et trois fois ceux qui pourront être désignés ultérieurement. Avec ce système j'aurai vite fait fortune, alors je tuerai tout le monde et je 620 m'en irai.

PAYSANS : Monsieur Ubu, de grâce, ayez pitié de nous. Nous sommes de pauvres citoyens.

PÈRE UBU : Je m'en fiche. Payez.

PAYSANS : Nous ne pouvons, nous avons payé.

625 **PÈRE UBU** : Payez ! ou ji[3] vous mets dans ma poche[4] avec supplice et décollation du cou et de la tête[5] ! Cornegidouille[§], je suis le roi peut-être !

TOUS : Ah, c'est ainsi ! Aux armes ! Vive Bougrelas, par la grâce de Dieu roi de Pologne et de Lithuanie !

630 **PÈRE UBU** : En avant, messieurs des Finances, faites votre devoir.

---

1 *salopins* : mot inventé (vraisemblablement dérivé de «salauds», voire de «salopards») par lequel Père Ubu désigne ses serviteurs dénués de morale.

2 *voiturin à phynances* : véhicule fantaisiste conçu pour recevoir les taxes.

3 *ji* : le pronom «je», tel que Père Ubu le prononce quand il est emporté par une vive colère.

4 *mets dans ma poche* : Père Ubu range les gens qu'il démolit dans ses poches.

5 *décollation du cou et de la tête* : cette métaphore comique et macabre, qui se réfère à la décapitation, est en même temps une allusion au sort du personnage biblique Jean-Baptiste.

Une lutte s'engage, la maison est détruite et
le vieux Stanislas s'enfuit seul à travers la plaine.
Le Père Ubu reste à ramasser la finance.

SCÈNE 5

Une casemate[1] des fortifications de Thorn.
CAPITAINE BORDURE *enchaîné*, PÈRE UBU.

Père Ubu : Ah ! citoyen, voilà ce que c'est, tu as voulu que
je te paye ce que je te devais, alors tu t'es révolté parce que
je n'ai pas voulu, tu as conspiré et te voilà coffré.

635 Cornefinance, c'est bien fait, et le tour est si bien joué que tu
dois toi-même le trouver fort à ton goût.

Capitaine Bordure : Prenez garde, Père Ubu. Depuis cinq
jours que vous êtes roi, vous avez commis plus de meurtres
qu'il n'en faudrait pour damner tous les saints du Paradis.

640 Le sang du roi et des nobles crie vengeance et ses cris seront
entendus.

Père Ubu : Eh ! mon bel ami, vous avez la langue fort bien
pendue. Je ne doute pas que si vous vous échappiez il en
pourrait résulter des complications, mais je ne crois pas que

645 les casemates de Thorn aient jamais lâché quelqu'un des
honnêtes garçons qu'on leur avait confiés. C'est pourquoi,
bonne nuit, et je vous invite à dormir sur les deux oneilles[§],
bien que les rats dansent ici une assez belle sarabande[2].

Il sort. Les Larbins viennent verrouiller
toutes les portes.

---

1   casemate : abri souterrain ou creusé dans la terre qui protège des bombes et des
    boulets de canon.
2   *sarabande* : danse espagnole très animée ; danse lascive exécutée par des sorcières.

SCÈNE 6

Le palais de Moscou.
L'EMPEREUR ALEXIS *et sa Cour*, BORDURE.

Le Czar Alexis : C'est vous, infâme aventurier, qui avez
650 coopéré à la mort de notre cousin Venceslas ?

Bordure : Sire, pardonnez-moi, j'ai été entraîné malgré
moi par le Père Ubu.

Alexis : Oh ! l'affreux menteur. Enfin, que désirez-vous ?

Bordure : Le Père Ubu m'a fait emprisonner sous prétexte
655 de conspiration, je suis parvenu à m'échapper et j'ai couru
cinq jours et cinq nuits à cheval à travers les steppes pour
venir implorer Votre gracieuse miséricorde.

Alexis : Que m'apportes-tu comme gage de ta soumission ?

Bordure : Mon épée d'aventurier et un plan détaillé de la
660 ville de Thorn.

Alexis : Je prends l'épée, mais, par Saint Georges, brûlez ce
plan, je ne veux pas devoir ma victoire à une trahison.

Bordure : Un des fils de Venceslas, le jeune Bougrelas, est
encore vivant, je ferai tout pour le rétablir.

665 **Alexis** : Quel grade avais-tu dans l'armée polonaise ?

Bordure : Je commandais le 5e régiment des dragons[§] de
Wilna et une compagnie franche[1] au service du Père Ubu.

Alexis : C'est bien, je te nomme sous-lieutenant au
10e régiment de Cosaques, et gare à toi si tu trahis. Si tu te
670 bats bien, tu seras récompensé.

---

1 *compagnie franche* : ensemble de troupes qui ne faisaient pas partie des
forces régulières.

Bordure : Ce n'est pas le courage qui me manque, Sire.

Alexis : C'est bien, disparais de ma présence.

Bordure sort.

SCÈNE 7

La salle du Conseil d'Ubu.
PÈRE UBU, MÈRE UBU, CONSEILLERS DE FINANCES.

Père Ubu : Messieurs, la séance est ouverte et tâchez de bien écouter et de vous tenir tranquilles. D'abord, nous allons faire le chapitre des finances, ensuite nous parlerons d'un petit système que j'ai imaginé pour faire venir le beau temps et conjurer la pluie.

Un Conseiller : Fort bien, monsieur Ubu.

Mère Ubu : Quel sot homme.

Père Ubu : Madame de ma merdre§, garde à vous, car je ne souffrirai pas vos sottises. Je vous disais donc, messieurs, que les finances vont passablement. Un nombre considérable de chiens à bas de laine[1] se répand chaque matin dans les rues et les salopins§ font merveille. De tous côtés on ne voit que des maisons brûlées et des gens pliant sous le poids de nos phynances.

Le Conseiller : Et les nouveaux impôts, monsieur Ubu, vont-ils bien ?

---

1 *chiens à bas de laine* : chiens spécialement dressés pour détecter les endroits où sont cachées les économies des gens.

Mère Ubu : Point du tout. L'impôt sur les mariages n'a
690   encore produit que 11 sous, et encore le Père Ubu poursuit
les gens partout pour les forcer à se marier.

Père Ubu : Sabre à finances, corne de ma gidouille[§],
madame la financière, j'ai des oneilles[§] pour parler et vous
une bouche pour m'entendre. (*Éclats de rire.*) Ou plutôt
695   non ! Vous me faites tromper et vous êtes cause que je suis
bête ! Mais, corne d'Ubu ! (*Un Messager entre.*) Allons, bon,
qu'a-t-il encore celui-là ? Va-t'en, sagouin[§], ou je te poche[1]
avec décollation et torsion des jambes.

Mère Ubu : Ah ! le voilà dehors, mais il y a une lettre.

700   **Père Ubu** : Lis-la. Je crois que je perds l'esprit ou que je
ne sais pas lire. Dépêche-toi, bouffresque[§], ce doit être
de Bordure.

Mère Ubu : Tout justement. Il dit que le czar l'a accueilli
très bien, qu'il va envahir tes États pour rétablir Bougrelas
705   et que toi tu seras tué.

Père Ubu : Ho ! ho ! J'ai peur ! J'ai peur ! Ha ! je pense
mourir. Ô pauvre homme que je suis. Que devenir, grand
Dieu ? Ce méchant homme va me tuer. Saint Antoine et tous
les saints, protégez-moi, je vous donnerai de la phynance
710   et je brûlerai des cierges pour vous. Seigneur, que devenir ?
(*Il pleure et sanglote.*)

Mère Ubu : Il n'y a qu'un parti à prendre, Père Ubu.

Père Ubu : Lequel, mon amour ?

Mère Ubu : La guerre ! !

Tous : Vive Dieu ! Voilà qui est noble !

715   **Père Ubu** : Oui, et je recevrai encore des coups.

---

1   *poche* : mets dans ma poche.

Premier Conseiller : Courons, courons organiser l'armée.

Deuxième : Et réunir les vivres.

Troisième : Et préparer l'artillerie et les forteresses.

Quatrième : Et prendre l'argent pour les troupes.

720 **Père Ubu** : Ah ! non, par exemple ! Je vais te tuer, toi, je ne veux pas donner d'argent. En voilà d'une autre ! J'étais payé pour faire la guerre et maintenant il faut la faire à mes dépens. Non, de par ma chandelle verte[§], faisons la guerre, puisque vous en êtes enragés, mais ne déboursons 725 pas un sou.

Tous : Vive la guerre !

SCÈNE 8

Le camp sous Varsovie.

Soldats et Palotins : Vive la Pologne ! Vive le Père Ubu !

Père Ubu : Ah ! Mère Ubu, donne-moi ma cuirasse et mon petit bout de bois. Je vais être bientôt tellement chargé que 730 je ne saurais marcher si j'étais poursuivi.

Mère Ubu : Fi, le lâche.

Père Ubu : Ah ! voilà le sabre à merdre[§] qui se sauve et le croc à finances qui ne tient pas ! ! ! Je n'en finirai jamais, et les Russes avancent et vont me tuer.

735 **Un Soldat** : Seigneur Ubu, voilà le ciseau à oneilles[§] qui tombe.

Père Ubu : Ji§ tou[1] tue au moyen du croc à merdre et du couteau à figure.

Mère Ubu : Comme il est beau avec son casque et sa cuirasse, on dirait une citrouille armée.

Père Ubu : Ah ! maintenant je vais monter à cheval. Amenez, messieurs, le cheval à phynances.

Mère Ubu : Père Ubu, ton cheval ne saurait plus te porter, il n'a rien mangé depuis cinq jours et est presque mort.

Père Ubu : Elle est bonne celle-là ! On me fait payer 12 sous par jour pour cette rosse[2] et elle ne me peut porter. Vous vous fichez, corne d'Ubu, ou bien si vous me volez ? (*La Mère Ubu rougit et baisse les yeux.*) Alors, que l'on m'apporte une autre bête, mais je n'irai pas à pied, cornegidouille§ !

On amène un énorme cheval.

Père Ubu : Je vais monter dessus. Oh ! assis plutôt ! car je vais tomber. (*Le cheval part.*) Ah ! arrêtez ma bête. Grand Dieu, je vais tomber et être mort ! ! !

Mère Ubu : Il est vraiment imbécile. Ah ! le voilà relevé. Mais il est tombé par terre.

Père Ubu : Corne physique, je suis à moitié mort ! Mais c'est égal, je pars en guerre et je tuerai tout le monde. Gare à qui ne marchera pas droit. Ji lon[3] mets dans ma poche avec torsion du nez et des dents et extraction de la langue.

Mère Ubu : Bonne chance, monsieur Ubu.

1 *tou* : le pronom «te» déformé à cause de l'émotion de Père Ubu.
2 *rosse* : cheval de mauvaise qualité.
3 *lon* : le pronom «les» (ou «le») déformé à cause de l'émotion de Père Ubu.

760   **Père Ubu** : J'oubliais de te dire que je te confie la régence. Mais j'ai sur moi le livre des finances, tant pis pour toi si tu me voles. Je te laisse pour t'aider le Palotin[§] Giron. Adieu, Mère Ubu.

Mère Ubu : Adieu, Père Ubu. Tue bien le czar.

765   **Père Ubu** : Pour sûr. Torsion du nez et des dents, extraction de la langue et enfoncement du petit bout de bois dans les oneilles[§].

L'armée s'éloigne au bruit des fanfares.

Mère Ubu, *seule* : Maintenant, que ce gros pantin est parti, tâchons de faire nos affaires, tuer Bougrelas et nous emparer
770   du trésor.

FIN DU TROISIÈME ACTE

Image sur papier du Japon tirée d'une gravure sur bois
de Jarry, vers 1896.

Lithographie réalisée par Jarry, publiée sous forme d'affiche
pour la première représentation d'*Ubu Roi*.

ACTE IV

SCÈNE 1

*La crypte[1] des anciens rois de Pologne
dans la cathédrale de Varsovie.*

Mère Ubu : Où donc est ce trésor ? Aucune dalle ne sonne creux. J'ai pourtant bien compté treize pierres après le tombeau de Ladislas le Grand[2] en allant le long du mur, et il n'y a rien. Il faut qu'on m'ait trompée. Voilà cependant : ici
775 la pierre sonne creux. À l'œuvre, Mère Ubu. Courage, descellons cette pierre. Elle tient bon. Prenons ce bout de croc à finances qui fera encore son office. Voilà ! voilà l'or au milieu des ossements des rois. Dans notre sac, alors, tout ! Eh ! quel est ce bruit ? Dans ces vieilles voûtes y aurait-il
780 encore des vivants ? Non, ce n'est rien, hâtons-nous. Prenons tout. Cet argent sera mieux à la face du jour qu'au milieu des tombeaux des anciens princes. Remettons la pierre. Eh quoi ! toujours ce bruit. Ma présence en ces lieux me cause une étrange frayeur. Je prendrai le reste de cet or
785 une autre fois, je reviendrai demain.

Une Voix, *sortant du tombeau de Jean Sigismond*[3] : Jamais, Mère Ubu !

> *La Mère Ubu se sauve affolée emportant
> l'or volé par la porte secrète.*

---

1   crypte : ensemble de tombes localisées dans le sous-sol d'une église.
2   *Ladislas le Grand :* nom inspiré de l'histoire de la Pologne, qui contient deux rois Ladislas (mais aucun dénommé «le Grand»).
3   Jean Sigismond : authentique personnalité polonaise historique.

SCÈNE 2

La place de Varsovie.
BOUGRELAS *et* SES PARTISANS, PEUPLE *et* SOLDATS,
puis GARDES, MÈRE UBU, LE PALOTIN GIRON.

Bougrelas : En avant, mes amis ! Vive Venceslas et la
Pologne ! le vieux gredin de Père Ubu est parti, il ne reste
790 plus que la sorcière de Mère Ubu avec son Palotin§.
Je m'offre à marcher à votre tête et à rétablir la race de
mes pères.

Tous : Vive Bougrelas !

Bougrelas : Et nous supprimerons tous les impôts établis
795 par l'affreux Père Ub.

Tous : Hurrah ! en avant ! Courons au palais et massacrons
cette engeance[1].

Bougrelas : Eh ! voilà la Mère Ubu qui sort avec ses gardes
sur le perron !

800 **Mère Ubu** : Que voulez-vous, messieurs ? Ah ! c'est
Bougrelas.

   La foule lance des pierres.

Premier Garde : Tous les carreaux sont cassés.

Deuxième Garde : Saint Georges, me voilà assommé.

Troisième Garde : Cornebleu, je meurs.

805 **Bougrelas** : Lancez des pierres, mes amis.

Le Palotin Giron : Hon ! C'est ainsi ! (*Il dégaine et se
précipite faisant un carnage épouvantable.*)

---

1   *engeance* : catégorie de gens détestables.

Bougrelas : À nous deux ! Défends-toi, lâche pistolet.

Ils se battent.

Giron : Je suis mort !

Bougrelas : Victoire, mes amis ! Sus à la Mère Ubu !

On entend des trompettes.

810 **Bougrelas** : Ah ! voilà les Nobles qui arrivent. Courons, attrapons la mauvaise harpie[1] !

Tous : En attendant que nous étranglions le vieux bandit !

*La Mère Ubu se sauve poursuivie par tous
les Polonais. Coups de fusil et grêle de pierres.*

SCÈNE 3

L'armée polonaise en marche dans l'Ukraine.

Père Ubu : Cornebleu, jambedieu[2], tête de vache ! nous allons périr, car nous mourons de soif et sommes fatigué.
815 Sire Soldat, ayez l'obligeance de porter notre casque à finances, et vous, sire Lancier, chargez-vous du ciseau à merdre[§] et du bâton à physique pour soulager notre personne, car, je le répète, nous sommes fatigué[3].

Les soldats obéissent.

Pile : Hon ! Monsieuye[4] ! il est étonnant que les Russes
820 n'apparaissent point.

---

1   *harpie* : femme aussi méchante et malfaisante que l'était le monstre mythologique à tête de femme et au corps de vautour du même nom.

2   *jambedieu* : juron emprunté à Rabelais.

3   *nous sommes fatigué* : Père Ubu emploie le *nous* royal, et donc l'accord du participe passé se fait avec la première personne du singulier.

4   *Monsieuye* : manière propre aux Palotins Pile et Cotice de prononcer «monsieur».

Père Ubu : Il est regrettable que l'état de nos finances ne nous permette pas d'avoir une voiture à notre taille ; car, par crainte de démolir notre monture, nous avons fait tout le chemin à pied, traînant notre cheval par la bride.
825 Mais quand nous serons de retour en Pologne, nous imaginerons, au moyen de notre science en physique et aidé des lumières de nos conseillers, une voiture à vent pour transporter toute l'armée.

Cotice : Voilà Nicolas Rensky qui se précipite.

830 **Père Ubu** : Et qu'a-t-il, ce garçon !

Rensky : Tout est perdu, Sire, les Polonais sont révoltés, Giron est tué et la Mère Ubu est en fuite dans les montagnes.

Père Ubu : Oiseau de nuit, bête de malheur, hibou à
835 guêtres[1] ! Où as-tu pêché ces sornettes ? En voilà d'une autre ! Et qui a fait ça ? Bougrelas, je parie. D'où viens-tu ?

Rensky : De Varsovie, noble seigneur.

Père Ubu : Garçon de ma merdre[§], si je t'en croyais je ferais rebrousser chemin à toute l'armée. Mais, seigneur garçon, il
840 y a sur tes épaules plus de plumes que de cervelle et tu as rêvé des sottises. Va aux avant-postes, mon garçon, les Russes ne sont pas loin et nous aurons bientôt à estocader[2] de nos armes, tant à merdre qu'à phynances et à physique[3].

Le Général Lascy : Père Ubu, ne voyez-vous pas dans la
845 plaine les Russes ?

---

1 *guêtres* : jambières.
2 *estocader* : mot inventé par Jarry qui signifie «pourfendre». (Le terme «estoc» est l'ancienne manière de désigner l'épée.)
3 *tant à merdre qu'à phynances et à physique* : de toutes les manières imaginables.

Père Ubu : C'est vrai, les Russes ! Me voilà joli. Si encore il y avait moyen de s'en aller, mais pas du tout, nous sommes sur une hauteur et nous serons en butte à tous les coups.

L'Armée : Les Russes ! L'ennemi !

850 **Père Ubu** : Allons, messieurs, prenons nos dispositions pour la bataille. Nous allons rester sur la colline et ne commettrons point la sottise de descendre en bas. Je me tiendrai au milieu comme une citadelle vivante et vous autres graviterez autour de moi. J'ai à vous recommander de
855 mettre dans les fusils autant de balles qu'ils en pourront tenir, car 8 balles peuvent tuer 8 Russes et c'est autant que je n'aurai pas sur le dos. Nous mettrons les fantassins à pied au bas de la colline pour recevoir les Russes et les tuer un peu, les cavaliers derrière pour se jeter dans la confusion, et
860 l'artillerie autour du moulin à vent ici présent pour tirer dans le tas. Quant à nous, nous nous tiendrons dans le moulin à vent et tirerons avec le pistolet à phynances par la fenêtre, en travers de la porte nous placerons le bâton à physique, et si quelqu'un essaye d'entrer, gare au croc
865 à merdre ! ! !

Officiers : Vos ordres, Sire Ubu, seront exécutés.

Père Ubu : Eh ! cela va bien, nous serons vainqueurs. Quelle heure est-il ?

Le Général Lascy : Onze heures du matin.

870 **Père Ubu** : Alors, nous allons dîner, car les Russes n'attaqueront pas avant midi. Dites aux soldats, seigneur Général, de faire leurs besoins[1] et d'entonner la Chanson à Finances.

Lascy s'en va.

---

1 *de faire leurs besoins* : d'uriner ou de se décharger le ventre de leurs excréments.

Soldats et Palotins : Vive le Père Ubé, notre grand
875 Financier ! Ting, ting, ting ; ting, ting, ting ; ting, ting, tating !

Père Ubu : Ô les braves gens, je les adore. (*Un boulet russe
arrive et casse l'aile du moulin.*) Ah ! j'ai peur, Sire Dieu, je suis
mort ! et cependant non, je n'ai rien.

SCÈNE 4

LES MÊMES, UN CAPITAINE *puis* L'ARMÉE RUSSE.

Un Capitaine, *arrivant* : Sire Ubu, les Russes attaquent.

880 **Père Ubu** : Eh bien, après, que veux-tu que j'y fasse ? ce
n'est pas moi qui le leur ai dit. Cependant, Messieurs des
Finances, préparons-nous au combat.

Le Général Lascy : Un second boulet.

Père Ubu : Ah ! je n'y tiens plus. Ici il pleut du plomb et
885 du fer et nous pourrions endommager notre précieuse
personne. Descendons. (*Tous descendent au pas de course. La
bataille vient de s'engager. Ils disparaissent dans des torrents de
fumée au pied de la colline.*)

Un Russe, *frappant* : Pour Dieu et le Czar !

Rensky : Ah ! je suis mort.

Père Ubu : En avant ! Ah, toi, Monsieur, que je t'attrape,
890 car tu m'as fait mal, entends-tu ! sac à vin ! avec ton flingot[1]
qui ne part pas.

Le Russe : Ah ! voyez-vous ça. (*Il lui tire un coup de revolver.*)

---

1 *flingot* : ancien terme populaire pour dénommer un fusil. Le terme familier
«flingue» en est l'abréviation.

Père Ubu : Ah ! Oh ! Je suis blessé, je suis troué, je suis perforé, je suis administré, je suis enterré. Oh, mais tout de
895 même ! Ah ! je le tiens. (*Il le déchire.*) Tiens ! recommenceras-tu, maintenant !

Le Général Lascy : En avant, poussons vigoureusement, passons le fossé, la victoire est à nous.

Père Ubu : Tu crois ? Jusqu'ici je sens sur mon front plus de
900 bosses que de lauriers[1].

Cavaliers russes : Hurrah ! Place au Czar !

Le Czar arrive accompagné de Bordure déguisé.

Un Polonais : Ah ! Seigneur ! Sauve qui peut, voilà le Czar !

Un autre : Ah ! mon Dieu ! il passe le fossé.

Un autre : Pif ! Paf ! en voilà quatre d'assommés par ce
905 grand bougre[§] de lieutenant.

Bordure : Ah ! vous n'avez pas fini, vous autres ! Tiens, Jean Sobieski[2], voilà ton compte ! (*Il l'assomme.*) À d'autres, maintenant ! (*Il fait un massacre de Polonais.*)

Père Ubu : En avant, mes amis ! Attrapez ce bélître[3] !
910 En compote les Moscovites[4] ! La victoire est à nous. Vive l'Aigle Rouge !

Tous : En avant ! Hurrah ! Jambedieu[§] ! Attrapez le grand bougre.

Bordure : Par saint Georges, je suis tombé.

---

1 *lauriers* : les branches de lauriers servaient dans l'Antiquité grecque et romaine à couronner les vainqueurs.

2 *Jean Sobieski* : nom d'un ancien roi de Pologne que Jarry donne à l'un des soldats de Père Ubu.

3 *bélître* : ancien terme injurieux, qui signifie «homme de rien».

4 *Moscovites* : habitants de Moscou, capitale de la Russie.

915 **Père Ubu**, *le reconnaissant* : Ah ! c'est toi, Bordure ! Ah ! mon ami. Nous sommes bien heureux ainsi que toute la compagnie de te retrouver. Je vais te faire cuire à petit feu. Messieurs des Finances, allumez du feu. Oh ! Ah ! Oh ! Je suis mort. C'est au moins un coup de canon que j'ai reçu.

920 Ah ! mon Dieu, pardonnez-moi mes péchés. Oui, c'est bien un coup de canon.

Bordure : C'est un coup de pistolet chargé à poudre.

Père Ubu : Ah ! tu te moques de moi ! Encore ! À la pôche[1] ! (*Il se rue sur lui et le déchire.*)

925 **Le Général Lascy** : Père Ubu, nous avançons partout.

Père Ubu : Je le vois bien, je n'en peux plus, je suis criblé de coups de pied, je voudrais m'asseoir par terre. Oh ! ma bouteille[2].

Le Général Lascy : Allez prendre celle du Czar, Père Ubu.

930 **Père Ubu** : Eh ! j'y vais de ce pas. Allons ! sabre à merdre[§], fais ton office, et toi, croc à finances, ne reste pas en arrière. Que le bâton à physique travaille d'une généreuse émulation et partage avec le petit bout de bois l'honneur de massacrer, creuser et exploiter l'Empereur moscovite[§].

935 En avant, Monsieur notre cheval à finances !

Il se rue sur le Czar.

Un Officier russe : En garde, Majesté !

Père Ubu : Tiens, toi ! Oh ! aïe ! Ah ! mais tout de même. Ah ! monsieur, pardon, laissez-moi tranquille. Oh ! mais, je n'ai pas fait exprès !

Il se sauve. Le Czar le poursuit.

---

1 *pôche* : l'accent circonflexe rajouté à *poche* individualise la poche désormais mythique de Père Ubu.

2 *Oh ! ma bouteille* : Père Ubu constate que sa bouteille est cassée.

940 **Père Ubu** : Sainte Vierge, cet enragé me poursuit ! Qu'ai-je fait, grand Dieu ! Ah ! bon, il y a encore le fossé à repasser. Ah ! je le sens derrière moi et le fossé devant ! Courage, fermons les yeux.

Il saute le fossé. Le Czar y tombe.

Le Czar : Bon, je suis dedans.

945 **Polonais** : Hurrah ! le Czar est à bas !

Père Ubu : Ah ! j'ose à peine me retourner ! Il est dedans. Ah ! c'est bien fait et on tape dessus. Allons, Polonais, allez-y à tour de bras, il a bon dos le misérable ! Moi je n'ose pas le regarder ! Et cependant notre prédiction s'est
950 complètement réalisée, le bâton à physique a fait merveilles et nul doute que je ne l'eusse complètement tué si une inexplicable terreur n'était venue combattre et annuler en nous les effets de notre courage. Mais nous avons dû soudainement tourner casaque[1], et nous n'avons dû notre salut qu'à
955 notre habileté comme cavalier ainsi qu'à la solidité des jarrets de notre cheval à finances, dont la rapidité n'a d'égale que la stabilité et dont la légèreté fait la célébrité, ainsi qu'à la profondeur du fossé qui s'est trouvé fort à propos sous les pas de l'ennemi de nous l'ici présent Maître des Phynances.
960 Tout ceci est fort beau, mais personne ne m'écoute. Allons ! bon, ça recommence !

Les Dragons[§] russes font une charge
et délivrent le Czar.

Le Général Lascy : Cette fois, c'est la débandade.

Père Ubu : Ah ! voici l'occasion de se tirer des pieds[2]. Or donc, Messieurs les Polonais, en avant ! ou plutôt,
965 en arrière !

---

1 *tourner casaque* : expression familière pour «s'enfuir». (La casaque était un vêtement militaire ; par conséquent, *tourner casaque*, c'est tourner le dos à l'ennemi pour s'enfuir.)

2 *se tirer des pieds* : déguerpir, en termes familiers.

Polonais : Sauve qui peut !

Père Ubu : Allons ! en route. Quel tas de gens, quelle fuite, quelle multitude, comment me tirer de ce gâchis ? (*Il est bousculé.*) Ah ! mais toi ! fais attention, ou tu vas expéri-
970 menter la bouillante valeur du Maître des Finances. Ah ! il est parti, sauvons-nous et vivement pendant que Lascy ne nous voit pas. (*Il sort, ensuite on voit passer le Czar et l'Armée russe poursuivant les Polonais.*)

SCÈNE 5

Une caverne en Lituanie (il neige).
PÈRE UBU, PILE, COTICE.

Père Ubu : Ah ! le chien de temps, il gèle à pierre à fendre[1] et la personne du Maître des Finances s'en trouve fort
975 endommagée.

Pile : Hon ! Monsieuye§ Ubu, êtes-vous remis de votre terreur et de votre fuite ?

Père Ubu : Oui ! je n'ai plus peur, mais j'ai encore la fuite[2].

Cotice, *à part* : Quel pourceau.

980 **Père Ubu** : Eh ! sire Cotice, votre oneille§, comment va-t-elle ?

---

1 *à pierre à fendre* : se dit d'un froid si intense qu'il pourrait fendre la pierre.
2 *mais j'ai encore la fuite* : jeu de mots sur les sens de *fuite*, qui renvoie simultanément à l'action de s'enfuir et à l'écoulement d'urine ou d'excréments ici occasionné par la peur.

COTICE : Aussi bien, Monsieuye, qu'elle peut aller tout en allant très mal. Par conséiquent de quoye[1], le plomb la penche vers la terre et je n'ai pu extraire la balle.

985 PÈRE UBU : Tiens, c'est bien fait ! Toi, aussi, tu voulais toujours taper les autres. Moi j'ai déployé la plus grande valeur, et sans m'exposer j'ai massacré quatre ennemis de ma propre main, sans compter tous ceux qui étaient déjà morts et que nous avons achevés.

990 COTICE : Savez-vous, Pile, ce qu'est devenu le petit Rensky ?

PILE : Il a reçu une balle dans la tête.

PÈRE UBU : Ainsi que le coquelicot et le pissenlit à la fleur de leur âge sont fauchés par l'impitoyable faux de l'impitoyable faucheur qui fauche impitoyablement leur pitoyable
995 binette[2], — ainsi le petit Rensky a fait le coquelicot ; il s'est fort bien battu cependant, mais aussi il y avait trop de Russes.

PILE ET COTICE : Hon, Monsieuye !

UN ÉCHO : Hhrron !

1000 PILE : Qu'est-ce ? Armons-nous de nos lumelles[3].

PÈRE UBU : Ah, non ! par exemple, encore des Russes, je parie ! J'en ai assez ! et puis c'est bien simple, s'ils m'attrapent ji[§] lon[§] fous à la poche[§].

---

1 *Par conséiquent de quoye* : manière propre à Cotice de dire «en conséquence de quoi».

2 *binette* : jeu de mots dans lequel le sens familier (tête) avoisine le sens premier (instrument de jardinage), éveillé par l'insistance sur le travail du faucheur.

3 *lumelles* : mot emprunté à Rabelais qui signifie «petites épées».

SCÈNE 6

LES MÊMES, *entre* UN OURS.

COTICE : Hon, Monsieuye§ des Finances !

1005 PÈRE UBU : Oh ! tiens, regardez donc le petit toutou. Il est gentil, ma foi.

PILE : Prenez garde ! Ah ! quel énorme ours : mes cartouches !

PÈRE UBU : Un ours ! Ah ! l'atroce bête. Oh ! pauvre
1010 homme, me voilà mangé. Que Dieu me protège. Et il vient sur moi. Non, c'est Cotice qu'il attrape. Ah ! je respire. (*L'ours se jette sur Cotice. Pile l'attaque à coups de couteau. Ubu se réfugie sur un rocher.*)

COTICE : À moi, Pile ! à moi ! au secours, Monsieuye Ubu !

PÈRE UBU : Bernique[1] ! Débrouille-toi, mon ami ; pour le moment, nous faisons notre Pater Noster[2]. Chacun son tour
1015 d'être mangé.

PILE : Je l'ai, je le tiens.

COTICE : Ferme, ami, il commence à me lâcher.

PÈRE UBU : Sanctificetur nomen tuum[3].

COTICE : Lâche bougre§ !

1020 PILE : Ah ! il me mord ! Ô Seigneur, sauvez-nous, je suis mort.

PÈRE UBU : Fiat voluntas tua[4].

---

1 *Bernique* : interjection qui signifie qu'on avait tort d'avoir espoir.
2 *Pater Noster* : nom latin de la prière la plus importante du dogme catholique, le «Notre Père».
3 *Sanctificetur [...]* : Que Ton nom soit sanctifié.
4 *Fiat voluntas tua* : Que Ta volonté soit faite.

Cotice : Ah ! j'ai réussi à le blesser.

Pile : Hurrah ! il perd son sang. (*Au milieu des cris des Palotins*[§], *l'ours beugle de douleur et Ubu continue à marmotter.*)

Cotice : Tiens-le ferme, que j'attrape mon coup-de-poing
1025 explosif.

Père Ubu : Panem nostrum quotidianum da nobis hodie[1].

Pile : L'as-tu enfin, je n'en peux plus.

Père Ubu : Sicut et nos dimittimus debitoribus nostris[2].

Cotice : Ah ! je l'ai. (*Une explosion retentit et l'ours tombe mort.*)

1030 **Pile et Cotice** : Victoire !

Père Ubu : Sed libera nos a malo[3]. Amen. Enfin, est-il bien mort ? Puis-je descendre de mon rocher ?

Pile, *avec mépris* : Tant que vous voudrez.

Père Ubu, *descendant* : Vous pouvez vous flatter que si vous
1035 êtes encore vivants et si vous foulez encore la neige de Lithuanie, vous le devez à la vertu magnanime du Maître des Finances, qui s'est évertué, échiné et égosillé à débiter des patenôtres[4] pour votre salut, et qui a manié avec autant de courage le glaive spirituel de la prière que vous avez
1040 manié avec adresse le temporel de l'ici présent Palotin Cotice coup-de-poing explosif. Nous avons même poussé plus loin notre dévouement, car nous n'avons pas hésité à monter sur un rocher fort haut pour que nos prières aient moins loin à arriver au ciel.

---

1 *Panem nostrum [...]* : Donne-nous aujourd'hui notre pain de ce jour.
2 *Sicut et nos dimittimus [...]* : Comme nous pardonnons aussi à ceux qui nous ont offensés.
3 *Sed libera nos a malo* : Mais délivre-nous du Mal.
4 *patenôtres* : autre manière de désigner le «Notre Père», empruntée à François Rabelais.

1045   **PILE** : Révoltante bourrique[1].

PÈRE UBU : Voici une grosse bête. Grâce à moi, vous avez de quoi souper. Quel ventre, messieurs ! Les Grecs y auraient été plus à l'aise que dans le cheval de bois[2], et peu s'en est fallu, chers amis, que nous n'ayons pu aller vérifier de nos propres yeux sa capacité intérieure.

PILE : Je meurs de faim. Que manger ?

COTICE : L'ours !

PÈRE UBU : Eh ! pauvres gens, allez-vous le manger tout cru ? Nous n'avons rien pour faire du feu.

1055   **PILE** : N'avons-nous pas nos pierres à fusil ?

PÈRE UBU : Tiens, c'est vrai. Et puis il me semble que voilà non loin d'ici un petit bois où il doit y avoir des branches sèches. Va en chercher, Sire Cotice. (*Cotice s'éloigne à travers la neige.*)

PILE : Et maintenant, Sire Ubu, allez dépecer l'ours.

1060   **PÈRE UBU** : Oh non ! Il n'est peut-être pas mort. Tandis que toi, qui es déjà à moitié mangé et mordu de toutes parts, c'est tout à fait dans ton rôle. Je vais allumer du feu en attendant qu'il apporte du bois. (*Pile commence à dépecer l'ours.*)

PÈRE UBU : Oh, prends garde ! il a bougé.

1065   **PILE** : Mais, Sire Ubu, il est déjà tout froid.

PÈRE UBU : C'est dommage, il aurait mieux valu le manger chaud. Ceci va procurer une indigestion au Maître des Finances.

---

1   *bourrique* : personne bête et têtue.
2   *le cheval de bois* : allusion au cheval de Troie, offert aux Troyens par les Grecs après 10 ans de combats infructueux ; pendant la nuit, après que l'armée troyenne a fait entrer l'énorme cheval dans l'enceinte de la ville fortifiée, les soldats grecs cachés dans son ventre creux en sortent et prennent finalement la ville.

PILE, *à part* : C'est révoltant. (*Haut.*) Aidez-nous un peu,
1070 Monsieur Ubu, je ne puis faire toute la besogne.

Père Ubu : Non, je ne veux rien faire, moi ! Je suis fatigué,
bien sûr !

Cotice, *rentrant* : Quelle neige, mes amis, on se dirait en
Castille ou au pôle Nord. La nuit commence à tomber. Dans
1075 une heure il fera noir. Hâtons-nous pour voir encore clair.

Père Ubu : Oui, entends-tu, Pile ? hâte-toi. Hâtez-vous tous
les deux ! Embrochez la bête, cuisez la bête, j'ai faim, moi !

Pile : Ah, c'est trop fort, à la fin ! Il faudra travailler ou bien
tu n'auras rien, entends-tu, goinfre !

1080 **Père Ubu** : Oh ! ça m'est égal, j'aime autant le manger
tout cru, c'est vous qui serez bien attrapés. Et puis j'ai
sommeil, moi !

Cotice : Que voulez-vous, Pile ? Faisons le dîner tout seuls.
Il n'en aura pas, voilà tout. Ou bien on pourra lui donner
1085 les os.

Pile : C'est bien. Ah, voilà le feu qui flambe.

Père Ubu : Oh ! c'est bon ça, il fait chaud maintenant.
Mais je vois des Russes partout. Quelle fuite, grand Dieu !
Ah ! (*Il tombe endormi.*)

1090 **Cotice** : Je voudrais savoir si ce que disait Rensky est
vrai, si la Mère Ubu est vraiment détrônée. Ça n'aurait
rien d'impossible.

Pile : Finissons de faire le souper.

Cotice : Non, nous avons à parler de choses plus
1095 importantes. Je pense qu'il serait bon de nous enquérir de la
véracité de ces nouvelles.

Pile : C'est vrai, faut-il abandonner le Père Ubu ou rester avec lui ?

Cotice : La nuit porte conseil. Dormons, nous verrons
1100 demain ce qu'il faut faire.

Pile : Non, il vaut mieux profiter de la nuit pour nous en aller.

Cotice : Partons, alors.

Ils partent.

SCÈNE 7

Père Ubu *parle en dormant* : Ah ! Sire Dragon[§] russe, faites
1105 attention, ne tirez pas par ici, il y a du monde. Ah ! voilà
Bordure, qu'il est mauvais, on dirait un ours. Et Bougrelas
qui vient sur moi ! L'ours, l'ours ! Ah ! le voilà à bas ! qu'il est
dur, grand Dieu ! Je ne veux rien faire, moi ! Va-t'en,
Bougrelas ! Entends-tu, drôle ? Voilà Rensky maintenant, et
1110 le Czar ! Oh ! ils vont me battre. Et la Rbue[1]. Où as-tu pris
tout cet or ? Tu m'as pris mon or, misérable, tu as été
farfouiller dans mon tombeau qui est dans la cathédrale de
Varsovie[§], près de la Lune. Je suis mort depuis longtemps,
moi, c'est Bougrelas qui m'a tué et je suis enterré à
1115 Varsovie près de Vladislas le Grand[2], et aussi à Cracovie[§]
près de Jean Sigismond[§], et aussi à Thorn dans la casemate[§]
avec Bordure ! Le voilà encore. Mais va-t'en, maudit ours.

---

1 *Rbue* : le nom «Mère Ubu», violemment contracté et péjoratif, parce qu'il évoque
le terme «rebut», déchet.

2 *Vladislas le Grand* : il s'agit probablement de Ladislas le Grand, dont parle Mère Ubu
à la scène 1. Dans son délire onirique, Père Ubu aurait ajouté un *V* au début
du nom.

Tu ressembles à Bordure. Entends-tu, bête de Satan ? Non, il n'entend pas, les Salopins[§] lui ont coupé les oneilles[§].

1120 Décervelez, tudez[1], coupez les oneilles, arrachez la finance et buvez jusqu'à la mort, c'est la vie des Salopins, c'est le bonheur du Maître des Finances. (*Il se tait et dort.*)

FIN DU QUATRIÈME ACTE

---

1   *tudez* : «tuez» en simili ancien français.

Lithographie réalisée par Jarry pour la couverture
d'un cahier de ses illustrations, 1898.

ACTE V

SCÈNE 1

Il fait nuit. LE PÈRE UBU *dort.*
Entre LA MÈRE UBU *sans le voir. L'obscurité est complète.*

Mère Ubu : Enfin, me voilà à l'abri. Je suis seule ici, ce n'est pas dommage, mais quelle course effrénée : traverser toute la Pologne en quatre jours ! Tous les malheurs m'ont assaillie à la fois. Aussitôt partie cette grosse bourrique[§], je vais à la crypte[§] m'enrichir. Bientôt après je manque d'être lapidée[1] par ce Bougrelas et ces enragés. Je perds mon cavalier le Palotin[§] Giron qui était si amoureux de mes attraits qu'il se pâmait d'aise en me voyant, et même, m'a-t-on assuré, en ne me voyant pas, ce qui est le comble de la tendresse. Il se serait fait couper en deux pour moi, le pauvre garçon. La preuve, c'est qu'il a été coupé en quatre par Bougrelas. Pif paf pan ! Ah ! je pense mourir. Ensuite donc je prends la fuite, poursuivie par la foule en fureur. Je quitte le palais, j'arrive à la Vistule[§], tous les ponts étaient gardés. Je passe le fleuve à la nage, espérant ainsi lasser mes persécuteurs. De tous côtés la noblesse se rassemble et me poursuit. Je manque mille fois périr, étouffée dans un cercle de Polonais acharnés à me perdre. Enfin je trompai leur fureur, et après quatre jours de courses dans la neige de ce qui fut mon royaume j'arrive me réfugier ici. Je n'ai ni bu ni mangé ces quatre jours, Bougrelas me serrait de près… Enfin me voilà sauvée. Ah ! je suis morte de fatigue et de froid. Mais je voudrais bien savoir ce qu'est devenu mon

1125
1130
1135
1140
1145

---

1 *lapidée* : tuée à coups de pierres.

gros polichinelle[1], je veux dire mon très respectable époux.
Lui en ai-je pris, de la finance. Lui en ai-je volé, des rixdales[§].
Lui en ai-je tiré, des carottes. Et son cheval à finances qui
mourait de faim : il ne voyait pas souvent d'avoine, le
1150 pauvre diable. Ah ! la bonne histoire. Mais hélas ! j'ai perdu
mon trésor ! Il est à Varsovie[§], ira le chercher qui voudra.

Père Ubu, *commençant à se réveiller* : Attrapez la Mère Ubu,
coupez les oneilles[§] !

Mère Ubu : Ah ! Dieu ! Où suis-je ? Je perds la tête. Ah !
1155 non, Seigneur ! Grâce au ciel j'entrevoi Monsieur le Père
Ubu qui dort auprès de moi.

Faisons la gentille. Eh bien, mon gros bonhomme, as-tu
bien dormi ?

Père Ubu : Fort mal ! Il était bien dur cet ours ! Combat des
1160 voraces contre les coriaces[2], mais les voraces ont
complètement mangé et dévoré les coriaces, comme vous le
verrez quand il fera jour : entendez-vous, nobles Palotins[§] !

Mère Ubu : Qu'est-ce qu'il bafouille[3] ? Il est encore plus
bête que quand il est parti. À qui en a-t-il ?

1165 **Père Ubu** : Cotice, Pile, répondez-moi, sac à merdre[§] !
Où êtes-vous ? Ah ! j'ai peur. Mais enfin on a parlé. Qui a
parlé ? Ce n'est pas l'ours, je suppose. Merdre ! Où sont mes
allumettes ? Ah ! je les ai perdues à la bataille.

---

1 *polichinelle* : personnage grotesque et ridicule de la *commedia dell'arte*.
2 *Combat des voraces contre les coriaces* : avec *voraces* (qui consomment ou détruisent
   avec avidité) et *coriaces* (qui sont durs comme le cuir), Jarry tourne en ridicule
   l'antique combat des Horaces contre les Curiaces dont Corneille a tiré sa tragédie
   Horace (1640).
3 *bafouille* : s'exprime de manière incohérente.

Mère Ubu, *à part* : Profitons de la situation et de la nuit, simulons une apparition surnaturelle et faisons-lui promettre de nous pardonner nos larcins[1].

Père Ubu : Mais, par saint Antoine ! on parle. Jambedieu[§] ! Je veux être pendu !

Mère Ubu, *grossissant sa voix* : Oui, monsieur Ubu, on parle, en effet, et la trompette de l'archange qui doit tirer les morts de la cendre et de la poussière finale ne parlerait pas autrement ! Écoutez cette voix sévère. C'est celle de saint Gabriel[2] qui ne peut donner que de bons conseils.

Père Ubu : Oh ! ça, en effet !

Mère Ubu : Ne m'interrompez pas ou je me tais et c'en sera fait de votre giborgne[3] !

Père Ubu : Ah ! ma gidouille[4] ! Je me tais, je ne dis plus mot. Continuez, madame l'Apparition !

Mère Ubu : Nous disions, monsieur Ubu, que vous étiez un gros bonhomme !

Père Ubu : Très gros, en effet, ceci est juste.

Mère Ubu : Taisez vous, de par Dieu !

Père Ubu : Oh ! les anges ne jurent pas !

Mère Ubu, *à part* : Merdre ! (*Continuant.*) Vous êtes marié, Monsieur Ubu.

Père Ubu : Parfaitement, à la dernière des chipies[5] !

Mère Ubu : Vous voulez dire que c'est une femme charmante.

1 *larcins* : petits vols.
2 *saint Gabriel* : l'ange annonciateur, le plus grand et le plus sage des anges.
3 *giborgne* : terme pouvant avoir le sens de «gidouille», donc de «ventre».
4 *gidouille* : terme emprunté à Rabelais signifiant «ventre».
5 *chipies* : femmes insupportablement acariâtres.

Père Ubu : Une horreur. Elle a des griffes partout, on ne
1195 sait par où la prendre.

Mère Ubu : Il faut la prendre par la douceur, sire Ubu, et
si vous la prenez ainsi vous verrez qu'elle est au moins
l'égale de la Vénus de Capoue[1].

Père Ubu : Qui dites-vous qui a des poux ?

1200 **Mère Ubu** : Vous n'écoutez pas, monsieur Ubu ; prêtez-
nous une oreille plus attentive. (*À part.*) Mais hâtons-nous,
le jour va se lever. — Monsieur Ubu, votre femme est
adorable et délicieuse, elle n'a pas un seul défaut.

Père Ubu : Vous vous trompez, il n'y a pas un défaut qu'elle
1205 ne possède.

Mère Ubu : Silence donc ! Votre femme ne vous fait pas
d'infidélités !

Père Ubu : Je voudrais bien voir qui pourrait être
amoureux d'elle. C'est une harpie[§] !

1210 **Mère Ubu** : Elle ne boit pas !

Père Ubu : Depuis que j'ai pris la clé de la cave. Avant, à
sept heures du matin elle était ronde et elle se parfumait
à l'eau-de-vie. Maintenant qu'elle se parfume à l'héliotrope[2]
elle ne sent pas plus mauvais. Ça m'est égal. Mais mainte-
1215 nant il n'y a plus que moi à être rond !

Mère Ubu : Sot personnage ! — Votre femme ne vous
prend pas votre or.

Père Ubu : Non, c'est drôle !

Mère Ubu : Elle ne détourne pas un sou !

---

1 *Vénus de Capoue* : statue représentant la déesse de la beauté, trouvée à Capoue,
ancienne ville romaine, connue pour sa faculté d'adoucir les hommes violents.

2 *héliotrope* : plante à fleurs odorantes.

1220 **Père Ubu** : Témoin monsieur notre noble et infortuné cheval à Phynances, qui, n'étant pas nourri depuis trois mois, a dû faire la campagne entière traîné par la bride à travers l'Ukraine. Aussi est-il mort à la tâche, la pauvre bête !

Mère Ubu : Tout ceci sont[1] des mensonges, votre femme est
1225 un modèle et vous quel monstre vous faites !

Père Ubu : Tout ceci sont des vérités, ma femme est une coquine et vous quelle andouille§ vous faites !

Mère Ubu : Prenez garde, Père Ubu.

Père Ubu : Ah ! c'est vrai, j'oubliais à qui je parlais. Non, je
1230 n'ai pas dit ça !

Mère Ubu : Vous avez tué Venceslas.

Père Ubu : Ce n'est pas ma faute, moi, bien sûr. C'est la Mère Ubu qui a voulu.

Mère Ubu : Vous avez fait mourir Boleslas et Ladislas.

1235 **Père Ubu** : Tant pis pour eux ! Ils voulaient me taper !

Mère Ubu : Vous n'avez pas tenu votre promesse envers Bordure et plus tard vous l'avez tué.

Père Ubu : J'aime mieux que ce soit moi que lui qui règne en Lithuanie. Pour le moment ça n'est ni l'un ni l'autre.
1240 Ainsi vous voyez que ça n'est pas moi.

Mère Ubu : Vous n'avez qu'une manière de vous faire pardonner de tous vos méfaits.

Père Ubu : Laquelle ? Je suis tout disposé à devenir un saint homme, je veux être évêque et voir mon nom sur le
1245 calendrier[2].

---

1 *Tout ceci sont* : erreur d'accord due à l'émotion de Mère Ubu.
2 Les calendriers religieux associent chaque jour au nom d'un saint.

Mère Ubu : Il faut pardonner à la Mère Ubu d'avoir détourné un peu d'argent.

Père Ubu : Eh bien, voilà ! Je lui pardonnerai quand elle m'aura rendu tout, qu'elle aura été bien rossée[1], et qu'elle
1250 aura ressuscité mon cheval à finances.

Mère Ubu : Il en est toqué[2] de son cheval ! Ah ! je suis perdue, le jour se lève.

Père Ubu : Mais enfin je suis content de savoir maintenant assurément que ma chère épouse me volait. Je le sais
1255 maintenant de source sûre. Omnis a Deo scientia, ce qui veut dire : Omnis, toute ; a Deo, science ; scientia, vient de Dieu. Voilà l'explication du phénomène. Mais madame l'Apparition ne dit plus rien. Que ne puis-je lui offrir de quoi se réconforter. Ce qu'elle disait était très amusant.
1260 Tiens, mais il fait jour ! Ah ! Seigneur, de par mon cheval à finances, c'est la Mère Ubu !

Mère Ubu, *effrontément* : Ça n'est pas vrai, je vais vous ex'communier[3].

Père Ubu : Ah ! charogne !

1265 **Mère Ubu** : Quelle impiété.

Père Ubu : Ah ! c'est trop fort. Je vois bien que c'est toi sotte chipie[§] ! Pourquoi diable es-tu ici ?

Mère Ubu : Giron est mort et les Polonais m'ont chassée.

Père Ubu : Et moi, ce sont les Russes qui m'ont chassé : les
1270 beaux esprits se rencontrent.

---

1   *rossée* : battue.

2   *toqué* : fou.

3   *ex'communier* : graphie fantaisiste qui, amputant le verbe de son préfixe, insiste sur l'exclusion de l'individu de la communauté chrétienne.

Mère Ubu : Dis donc qu'un bel esprit a rencontré une bourrique[§]!

Père Ubu : Ah! eh bien, il va rencontrer un palmipède[1] maintenant. (*Il lui jette l'ours.*)

1275 **Mère Ubu**, *tombant accablée sous le poids de l'ours* : Ah! grand Dieu! Quelle horreur! Ah! je meurs! J'étouffe! il me mord! Il m'avale! il me digère!

Père Ubu : Il est mort! grotesque. Oh! mais, au fait, peut-être que non! Ah! Seigneur! non, il n'est pas mort,
1280 sauvons-nous. (*Remontant sur son rocher.*) Pater noster qui es…

Mère Ubu, *se débarrassant* : Tiens! où est-il?

Père Ubu : Ah! Seigneur! la voilà encore! Sotte créature, il n'y a donc pas moyen de se débarrasser d'elle. Est-il mort, cet ours?

1285 **Mère Ubu** : Eh oui, sotte bourrique, il est déjà tout froid. Comment est-il venu ici?

Père Ubu, *confus* : Je ne sais pas. Ah! si, je sais! Il a voulu manger Pile et Cotice et moi je l'ai tué d'un coup de Pater Noster[§].

1290 **Mère Ubu** : Pile, Cotice, Pater Noster. Qu'est-ce que c'est que ça? il est fou, ma finance!

Père Ubu : C'est très exact ce que je dis! Et toi tu es idiote, ma giborgne[§]!

Mère Ubu : Raconte-moi ta campagne, Père Ubu.

1295 **Père Ubu** : Oh! dame, non! C'est trop long. Tout ce que je sais, c'est que malgré mon incontestable vaillance tout le monde m'a battu.

---

1 *palmipède* : se dit des animaux qui ont les pieds palmés. (Père Ubu semble avoir mêlé *palmipède* et «plantigrade».)

Mère Ubu : Comment, même les Polonais ?

Père Ubu : Ils criaient : Vivent Venceslas et Bougrelas. J'ai
1300 cru qu'on voulait m'écarteler. Oh ! les enragés ! Et puis ils
ont tué Rensky !

Mère Ubu : Ça m'est bien égal ! Tu sais que Bougrelas a
tué le Palotin[§] Giron !

Père Ubu : Ça m'est bien égal ! Et puis ils ont tué le
1305 pauvre Lascy !

Mère Ubu : Ça m'est bien égal !

Père Ubu : Oh ! mais tout de même, arrive ici, charogne !
Mets-toi à genoux devant ton maître (*il l'empoigne et la jette
à genoux*), tu vas subir le dernier supplice.

1310 **Mère Ubu** : Ho, ho, monsieur Ubu !

Père Ubu : Oh ! oh ! oh ! après, as-tu fini ? Moi je
commence : torsion du nez, arrachement des cheveux,
pénétration du petit bout de bois dans les oneilles[§],
extraction de la cervelle par les talons, lacération du
1315 postérieur, suppression partielle ou même totale de la
moelle épinière (si au moins ça pouvait lui ôter les épines
du caractère), sans oublier l'ouverture de la vessie natatoire[1]
et finalement la grande décollation[§] renouvelée de saint
Jean-Baptiste, le tout tiré des très saintes Écritures, tant de
1320 l'Ancien que du Nouveau Testament, mis en ordre, corrigé
et perfectionné par l'ici présent Maître des Finances ! Ça te
va-t-il, andouille[§] ?

Il la déchire.

Mère Ubu : Grâce, monsieur Ubu !

Grand bruit à l'entrée de la caverne.

---

1 *vessie natatoire* : sac membraneux propre aux poissons qui permet de réguler
l'équilibre dans l'eau.

SCÈNE 2

LES MÊMES, BOUGRELAS *se ruant dans la caverne*
avec ses SOLDATS.

BOUGRELAS : En avant, mes amis ! Vive la Pologne !

1325 **PÈRE UBU** : Oh ! oh ! attends un peu, monsieur le
Polognard[1]. Attends que j'en aie fini avec madame ma
moitié !

BOUGRELAS, *le frappant* : Tiens, lâche, gueux[§], sacripant,
mécréant, musulman !

1330 **PÈRE UBU**, *ripostant* : Tiens ! Polognard, soûlard, bâtard,
hussard[2], tartare[3], calard[4], cafard[5], mouchard[6], savoyard[7],
communard[8] !

MÈRE UBU, *le battant aussi* : Tiens, capon[9], cochon, félon[10],
histrion[11], fripon[12], souillon[13], polochon[14] !

---

1 *Polognard* : forme péjorative de «Polonais».

2 *hussard* : soldat de la cavalerie légère.

3 *tartare* : membre du peuple de l'Asie centrale dont les cavaliers avaient terrorisé
l'Europe au Moyen Âge.

4 *calard* : mot inventé, qui rime avec les autres mots de l'énumération.

5 *cafard* : personne qui dénonce sournoisement les autres.

6 *mouchard* : synonyme de cafard.

7 *savoyard* : habitant du duché de Savoie, parfois loyal à la France, parfois à l'Italie,
parfois au Saint Empire germanique.

8 *communard* : partisan de l'insurrection parisienne de 1871, dite «la Commune
de Paris».

9 *capon* : terme familier et vieilli qui signifie «lâche».

10 *félon* : personne déloyale et hypocrite.

11 *histrion* : comédien spécialisé dans les farces grossières.

12 *fripon* : personne malhonnête et malicieuse.

13 *souillon* : personne malpropre.

14 *polochon* : injure inventée par Jarry qui, selon ses intimes, aurait désigné un
animal semblable au porc, mais sans tête et possédant en revanche deux
postérieurs, l'un derrière, l'autre devant.

Les Soldats se ruent sur les Ubs,
qui se défendent de leur mieux.

1335 **Père Ubu** : Dieux ! quels renfoncements[1] !

Mère Ubu : On a des pieds[2], messieurs les Polonais.

Père Ubu : De par ma chandelle verte[§], ça va-t-il finir, à la fin de la fin ? Encore un ! Ah ! si j'avais ici mon cheval à phynances !

1340 **Bougrelas** : Tapez, tapez toujours.

Voix au dehors : Vive le Père Ubé, notre grand financier !

Père Ubu : Ah ! les voilà. Hurrah ! Voilà les Pères Ubus[3]. En avant, arrivez, on a besoin de vous, messieurs des Finances !

Entrent les Palotins[§], qui se jettent
dans la mêlée.

Cotice : À la porte les Polonais !

1345 **Pile** : Hon ! nous nous revoyons, Monsieuye[§] des Finances. En avant, poussez vigoureusement, gagnez la porte, une fois dehors il n'y aura plus qu'à se sauver.

Père Ubu : Oh ! ça, c'est mon plus fort. Ô comme il tape.

Bougrelas : Dieu ! je suis blessé.

1350 **Stanislas Leczinski** : Ce n'est rien, Sire.

Bougrelas : Non, je suis seulement étourdi.

Jean Sobieski : Tapez, tapez toujours, ils gagnent la porte, les gueux[§].

---

1 *renfoncements* : niches dans le mur d'une grotte. (Père Ubu cherche la sortie, mais ne tombe que sur des renfoncements.)

2 *On a des pieds* : par cette expression, Mère Ubu montre qu'elle résistera jusqu'à la fin.

3 *les Pères Ubus* : par métonymie, les partisans de Père Ubu.

Cotice : On approche, suivez le monde. Par conséiquent de 1355 quoye[§], je vois le ciel.

Pile : Courage, sire Ubu !

Père Ubu : Ah ! j'en fais dans ma culotte. En avant, cornegidouille[§] ! Tudez[§], saignez, écorchez, massacrez, corne d'Ubu ! Ah ! ça diminue !

1360 **Cotice** : Il n'y en a plus que deux à garder la porte.

Père Ubu, *les assommant à coups d'ours* : Et d'un, et de deux ! Ouf ! me voilà dehors ! Sauvons-nous ! suivez, les autres, et vivement !

SCÈNE 3

La scène représente la province de Livonie[1]
couverte de neige.
LES UBS ET LEUR SUITE *en fuite.*

Père Ubu : Ah ! je crois qu'ils ont renoncé à nous attraper.

1365 **Mère Ubu** : Oui, Bougrelas est allé se faire couronner.

Père Ubu : Je ne la lui envie pas, sa couronne.

Mère Ubu : Tu as bien raison, Père Ubu.

Ils disparaissent dans le lointain.

---

1 Livonie : ancien pays sur la côte Baltique, où se situent aujourd'hui la Lettonie et l'Estonie.

SCÈNE 4

Le pont d'un navire courant au plus près sur la Baltique[1].
Sur le pont LE PÈRE UBU et toute sa bande.

Le Commandant : Ah ! quelle belle brise.

Père Ubu : Il est de fait que nous filons avec une rapidité qui
1370 tient du prodige. Nous devons faire au moins un million de
nœuds à l'heure, et ces nœuds ont ceci de bon qu'une fois faits
ils ne se défont pas. Il est vrai que nous avons vent arrière.

Pile : Quel triste imbécile.

Une risée[2] arrive, le navire couche
et blanchit la mer[3].

Père Ubu : Oh ! Ah ! Dieu ! nous voilà chavirés. Mais il va
1375 tout de travers, il va tomber ton bateau.

Le Commandant : Tout le monde sous le vent, bordez
la misaine[4] !

Père Ubu : Ah ! mais non, par exemple ! Ne vous mettez pas
tous du même côté ! C'est imprudent ça. Et supposez que le
1380 vent vienne à changer de côté : tout le monde irait au fond
de l'eau et les poissons nous mangeront.

Le Commandant : N'arrivez pas, serrez près et plein !

Père Ubu : Si ! Si ! Arrivez. Je suis pressé, moi ! Arrivez,
entendez-vous ! C'est ta faute, brute de capitaine, si nous
1385 n'arrivons pas. Nous devrions être arrivés. Oh ! oh, mais je

---

1 la Baltique : mer au nord de la Pologne.

2 risée : rafale, grand coup de vent.

3 le navire couche et blanchit la mer : le dernier verbe et le dernier sujet sont
inversés ; ainsi, ce n'est pas le navire qui blanchit la mer, c'est la mer qui blanchit
à cause de l'écume soulevée par le vent.

4 *bordez la misaine* : ordre qui incite les marins à bien tendre la voile basse du mât
de l'avant du navire.

vais commander, moi, alors ! Pare à virer ! À Dieu vat[1]. Mouillez, virez vent devant, virez vent arrière. Hissez les voiles, serrez les voiles, la barre dessus, la barre dessous, la barre à côté. Vous voyez, ça va très bien. Venez en travers à
1390 la lame[2] et alors ce sera parfait.

> *Tous se tordent, la brise fraîchit.*

Le Commandant : Amenez le grand foc, prenez un ris aux huniers[3] !

Père Ubu : Ceci n'est pas mal, c'est même bon ! Entendez-vous, monsieur l'Équipage ? amenez le grand coq et allez
1395 faire un tour dans les pruniers.

> *Plusieurs agonisent de rire.*
> *Une lame embarque.*

Père Ubu : Oh ! quel déluge ! Ceci est un effet des manœuvres que nous avons ordonnées.

Mère Ubu et Pile : Délicieuse chose que la navigation.

> *Deuxième lame embarque.*

Pile, *inondé* : Méfiez-vous de Satan et de ses pompes[4].

1400 **Père Ubu** : Sire garçon, apportez-nous à boire.

> *Tous s'installent à boire.*

Mère Ubu : Ah ! quel délice de revoir bientôt la douce France, nos vieux amis et notre château de Mondragon[5] !

---

1 *À Dieu vat* : expression populaire que dit un marin au moment de son départ.

2 *lame* : vague de la mer.

3 *Amenez [...]* : ordres adressés aux marins afin de bien s'occuper des voiles (le foc, les huniers).

4 *Méfiez-vous [...]* : expression tirée du dogme chrétien qui témoigne d'une crainte pieuse du Diable. Aussi : jeu de mots sur les sens de «pompes», qui, ici, désigne simultanément les vanités du monde et l'appareil qui déplace les liquides.

5 *château de Mondragon* : château au sud de la France, que connaissaient les frères Morin, avec qui Jarry a créé cette pièce.

Père Ubu : Eh ! nous y serons bientôt. Nous arrivons à l'instant sous le château d'Elseneur[1].

1405 **Pile** : Je me sens ragaillardi à l'idée de revoir ma chère Espagne.

Cotice : Oui, et nous éblouirons nos compatriotes des récits de nos aventures merveilleuses.

Père Ubu : Oh ! ça, évidemment ! Et moi je me ferai 1410 nommer Maître des Finances à Paris.

Mère Ubu : C'est cela ! Ah ! quelle secousse !

Cotice : Ce n'est rien, nous venons de doubler la pointe d'Elseneur.

Pile : Et maintenant notre noble navire s'élance à toute 1415 vitesse sur les sombres lames de la mer du Nord.

Père Ubu : Mer farouche et inhospitalière qui baigne le pays appelé Germanie, ainsi nommé parce que les habitants de ce pays sont tous cousins germains.

Mère Ubu : Voilà ce que j'appelle de l'érudition. On dit ce 1420 pays fort beau.

Père Ubu : Ah ! messieurs ! si beau qu'il soit il ne vaut pas la Pologne. S'il n'y avait pas de Pologne il n'y aurait pas de Polonais !

Et maintenant, comme vous avez bien écouté et vous êtes 1425 tenus tranquilles, on va vous chanter

---

1 *château d'Elseneur* : château sur la côte est du Danemark dans lequel Shakespeare a situé l'action de *Hamlet*.

La Chanson du décervelage

Je fus pendant longtemps ouvrier ébéniste,
Dans la ru'du Champ d'Mars, d'la paroiss'[1] de Toussaints.
Mon épouse exerçait la profession d'modiste[2],
Et nous n'avions jamais manqué de rien. —
1430   Quand le dimanch's'annonçait sans nuage,
Nous exhibions nos beaux accoutrements
Et nous allions voir le décervelage
Ru'd'l'Échaudé, passer un bon moment.

Voyez, voyez la machin'tourner,
1435   *Voyez, voyez la cervell'sauter,*
Voyez, voyez les Rentiers[3] trembler;

Chœur : *Hourra, cornes-au-cul, vive le Père Ubu !*

Nos deux marmots chéris, barbouillés d'confitures,
Brandissant avec joi'des poupins[4] en papier,
1440   Avec nous s'installaient sur le haut d'la voiture
Et nous roulions gaîment vers l'Échaudé. —
On s'précipite en foule à la barrière.
On s'fich'des coups pour être au premier rang;
Moi je m'mettais toujours sur un tas d'pierres
1445   Pour pas salir mes godillots[5] dans l'sang.

Voyez, voyez la machin'tourner,
Voyez, voyez la cervell'sauter,
Voyez, voyez les Rentiers trembler;

---

1   Les nombreuses apostrophes indiquent des contractions de mots en vue d'imiter
    la prononciation populaire ou de respecter un rythme régulier.
2   *modiste* : personne qui fabrique et vend des coiffures féminines.
3   Rentiers : personnes qui vivent de leurs rentes.
4   *poupins* : poupées.
5   *godillots* : terme populaire qui désigne les chaussures.

Chœur : *Hourra, cornes-au-cul, vive le Père Ubu !*

1450 Bientôt ma femme et moi nous somm's tout blancs
[d'cervelle,
Les marmots en boulott'nt[1] et tous nous trépignons[2]
En voyant l'Palotin§ qui brandit sa lumelle§,
    Et les blessur's et les numéros d'plomb. —
    Soudain j'perçois dans l'coin, près d'la machine,
1455   La gueul'd'un bonz'[3]qui n'm'revient qu'à moitié.
    Mon vieux, que j'dis, je r'connais ta bobine[4],
    Tu m'as volé, c'est pas moi qui t'plaindrai.

        Voyez, voyez la machin'tourner,
        Voyez, voyez la cervell'sauter,
1460   *Voyez, voyez les Rentiers trembler;*

Chœur : *Hourra, cornes-au-cul, vive le Père Ubu !*

Soudain j'me sens tirer la manch'par mon épouse :
Espèc'd'andouill'§, qu'ell'm'dit, v'là l'moment d'te montrer :
Flanque-lui par la gueule un bon gros paquet d'bouse,
1465   V'là l'Palotin qu'a just'le dos tourné. —
    En entendant ce raisonn'ment superbe,
    J'attrap'sus l'coup mon courage à deux mains :
    J'flanque au Rentier une gigantesque merdre§
    Qui s'aplatit sur l'nez du Palotin.

1470   *Voyez, voyez la machin'tourner,*
        Voyez, voyez la cervell'sauter,
        Voyez, voyez les Rentiers trembler;

---

1   *boulott'nt* (ou boulottent) : terme familier pour «mangent».

2   *trépignons* : frappons des pieds contre la terre d'un mouvement rapide.

3   *bonz'* (ou bonze) : expression familière ou argotique qui désigne un vieillard.

4   *bobine* : expression populaire et péjorative qui désigne la figure ou la tête.

Chœur : *Hourra, cornes-au-cul, vive le Père Ubu !*

Aussitôt j'suis lancé par-dessus la barrière,
1475   Par la foule en fureur je me vois bousculé
        Et j'suis précipité la tête la première
            Dans l'grand trou noir d'ous[1] qu'on n'revient
                                            [jamais. —
            Voilà c'que c'est qu'd'aller s'prom'ner l'dimanche
            Rue d'l'Échaudé pour voir décerveler,
1480   Marcher l'Pinc'-Porc ou bien l'Démanch'-Comanche[2]
            On part vivant et l'on revient tudé[§].

            Voyez, voyez la machin'tourner,
            Voyez, voyez la cervell'sauter,
            Voyez, voyez les Rentiers trembler ;

1485   **Chœur** : *Hourra, cornes-au-cul, vive le Père Ubu !*

FIN

---

1 *ous* : orthographe fantaisiste de «où». Le «qu'» qui suit relève de l'expression
    familière.
2 *Pinc'-Porc* et *Démanch'-Comanche* : instruments de supplice des salopins.

Lithographie réalisée par Jarry, décembre 1897.

PRÉSENTATION
DE
L'ŒUVRE

Portrait d'Alfred Jarry avec Claude Terrasse de Grass-Mick, 1897.

Jarry et son époque

LE CONTEXTE HISTORIQUE

Une république née de la guerre

En 1870, l'Empire français, dirigé par l'empereur Napoléon III, et l'Empire allemand sont en guerre. L'armée française essuie une série de défaites humiliantes et, à la suite de la capture de l'Empereur (le 2 septembre), la capitulation est signée à Sedan (ville française située près de la frontière allemande). Cependant, les populations des grandes villes françaises trouvent que l'armée impériale a capitulé trop vite et que l'Empereur les a trahies. Conséquemment, à Paris, le 4 septembre, sont proclamées la fin du Second Empire français et le début de la Troisième République.

Dans la région de la capitale, deux factions républicaines s'affrontent afin de former un gouvernement provisoire : l'une, plus modérée, à Versailles et l'autre, plus radicale, à Paris. La première obtient le plus grand appui de la foule et forme le gouvernement de la Défense nationale. Sa première initiative est de repousser l'envahisseur allemand au-delà des frontières françaises, ce qu'il n'arrive pas à faire, car, le 19 du même mois, l'armée allemande encercle Paris. Commence alors un long siège.

Au cours de l'hiver qui suit, particulièrement rude, les forces françaises tentent plusieurs sorties militaires. Elles sont à peu près toutes infructueuses. Au mois de mars 1871, alors que le gouvernement s'engage dans des négociations de paix, des membres de la faction radicale, qui avait dû céder à sa rivale plus modérée, la Défense nationale, prennent le pouvoir et proclament la Commune de Paris. Une véritable guerre civile s'enclenche entre les tenants du gouvernement de Versailles et ceux qui appuient le nouveau gouvernement retranché dans l'hôtel de ville de Paris. Craignant que la Commune de Paris favorise une révolution à l'échelle du pays (des Communes sont fondées dans d'autres villes françaises, notamment Lyon et Marseille), le gouvernement de la Défense nationale décide qu'il faut frapper fort et sans pitié. Un carnage s'ensuit : parmi les « insurgés » de la Commune, on compte 20 000 exécutés et entre 30 000 et 35 000 tués aux barricades érigées dans les rues de Paris ; l'armée régulière, à la solde de Versailles, compte 1 200 tués. À la fin du mois de mai, le drapeau tricolore de la Défense nationale a remplacé, sur tout le territoire parisien, le drapeau rouge de la Commune.

Le traité de paix avec l'Empire allemand est signé le 10 mai 1871. Par ce traité, la France cède les territoires de l'Alsace et de la Lorraine à l'Allemagne, et promet de payer une indemnisation de cinq milliards de francs de l'époque au vainqueur, une somme colossale.

Une prodigieuse relance du colonialisme

À la suite de cette guerre catastrophique, le gouvernement français lance une entreprise ambitieuse d'expansion coloniale. Comme on croyait que le colonialisme bien géré pouvait renflouer les coffres de l'État, peut-être que cette relance du colonialisme était une manière d'aller chercher par la force auprès de pays plus faibles l'argent que la France a dû donner comme tribut à l'Empereur allemand.

Le colonialisme, que la France pratiquait déjà depuis deux siècles, est un système d'exploitation de territoires éloignés d'un centre. Ce centre s'appelle la métropole, et les territoires éloignés, les colonies. En gros, pour être un système économique viable, le colonialisme doit permettre à la métropole de soutirer les richesses naturelles des pays colonisés à très bas prix. La métropole développe l'infrastructure du pays colonisé pour faciliter cette exploitation, parfois avec le concours de l'élite locale convaincue que la métropole les « aide » à mettre à profit des richesses naturelles qui demeureraient inexploitées ou insuffisamment exploitées sans elle. Parfois, le pays colonisé doit accepter un monopole des échanges commerciaux avec la métropole qui a «investi» dans l'infrastructure du pays colonisé. Après la transformation de ces richesses naturelles dans la métropole, les produits finis sont revendus à prix élevé dans les pays colonisés. Résultat : la métropole s'assure un apport de matières premières bon marché, jouit d'une économie industrialisée florissante qui emploie ses citoyens et s'assure un énorme marché, plus ou moins captif, pour les produits finis ; le pays colonisé, lui, gagne une infrastructure qui lui sert en partie, et ses sujets ont accès à des emplois, certes plutôt abrutissants.

Le colonialisme allait aussi redorer le blason de l'armée française, dont la performance médiocre pendant la guerre franco-allemande avait fait perdre de son lustre. Cette guerre à peine terminée, l'armée française réprime sévèrement une révolte des chefs kabyles (peuple montagnard de l'Afrique du Nord) dans le territoire français d'Algérie en 1871. Cette entreprise menée à bien, la France décide d'user des effectifs militaires sur place pour étendre son territoire vers le sud. Un demi-million d'hectares confisqués aux kabyles vaincus sont redistribués à des colons français, notamment à des familles d'Alsaciens demeurées fidèles à la France après la guerre franco-allemande. En 1881, une menace d'intervention militaire française en Tunisie suffit pour que les dirigeants de ce pays, jusqu'alors affilié à l'Empire ottoman[1], acceptent de se ranger dans le giron français.

Dans les années quatre-vingt et quatre-vingt-dix, les grandes puissances européennes s'adonnent à une course à l'occupation des territoires de l'intérieur du continent africain, jusqu'alors peu cartographiés. Au moyen de guerres efficaces contre les rois noirs musulmans, la France saisit la

---

1 Vaste empire musulman, constitué au XVe siècle, dont le centre était la Turquie actuelle.

part du lion des territoires intérieurs de tout le Nord-Ouest africain. Dans la Côte des Somalis, en Afrique de l'Est, la France consolide ses acquis. Et l'immense île de Madagascar, au large de l'Afrique méridionale, devient définitivement française après sa très coûteuse conquête (coûteuse en argent et en vies humaines).

Mais l'Afrique n'est pas le seul continent à susciter l'envie de conquête dans l'esprit des métropoles : l'Extrême-Orient et l'Océanie, qui se trouvent de l'autre côté du globe terrestre, sont aussi vus comme de belles occasions pour les puissances coloniales d'exercer leur force. Des révoltes dans les protectorats français de la Polynésie (notamment celui de la Nouvelle-Calédonie, en 1878), par exemple, servent de prétexte à des massacres d'indigènes, dont les terres sont redistribuées, les femmes, enlevées et les trésors culturels, envoyés en France. Entre-temps, en Extrême-Orient, les puissances européennes travaillent à l'affaiblissement et au démantèlement de la Chine. La France fait la guerre au géant chinois dans le Sud-Est asiatique, lui enlevant l'Annam et le Tonkin en 1883-1884, puis fait la guerre au Siam[1] pour lui enlever le Cambodge et le Laos en 1893.

À la suite de ces entreprises musclées à l'abri de l'œil du public, l'aire de la Grande France (la France et ses colonies) passe de 900 000 km^2 en 1876 à 10 000 000 km^2 vers la fin du siècle, et la population sous la gouverne française passe de 6 millions à 55 millions. En Indochine[2], la France développe d'énormes plantations de riz et de bois précieux (comme l'hévéa) ; en Algérie, elle exploite des vignobles, des plantations d'agrumes et d'olives ainsi que des mines de fer et de phosphate ; en Afrique du Nord-Ouest, elle soutire l'ivoire et les peaux, creuse des mines d'or, d'argent et de diamants, fait cultiver l'arachide, la canne à sucre et le coton ; et, en

---

1   La Thaïlande actuelle.
2   Le Vietnam, le Cambodge et le Laos actuels.

Océanie, plus particulièrement en Nouvelle-Calédonie, la métropole exploite des plantations de café, de cocotiers et des mines de nickel. Toutes ces colonies paient une imposante taxe à la métropole.

Non seulement le colonialisme français de la fin du XIXe siècle a-t-il comme effet l'augmentation de son territoire et du nombre de ses sujets, multipliant ainsi les possibilités d'exploitation des ressources naturelles, mais il exporte aussi la tyrannie. Celle-ci, pourtant tellement décriée par les Lumières, est par surcroît doublée de la prétention que la métropole est destinée à diriger des peuples inférieurs. En effet, les dirigeants des colonies sont investis de pouvoirs dictatoriaux qui dépassent ceux des élus de la métropole, qui doivent tenir compte de l'opinion du peuple et de la presse. Les dirigeants des colonies règnent impunément puisqu'ils répondent à des maîtres situés à des milliers de kilomètres et qui sont peu informés de ce qui se passe vraiment au-delà des frontières de la métropole. Afin d'assurer l'hégémonie française, les dirigeants coloniaux ont le droit d'écraser toute critique, toute opposition. Et ce droit, ils l'exercent souvent.

L'élan colonial profite certainement à l'armée, mais il profite aussi, et surtout, aux grands bourgeois (banquiers, industriels…), lesquels accordent une place importante à ce qui reste de la classe aristocratique. C'est que les nobles représentent encore, pour beaucoup de Français, les gardiens des véritables valeurs du terroir. Ensemble, la noblesse, les gradés de l'armée et la grande bourgeoisie forment l'élite de la Troisième République.

Scandales et corruption

Dans la métropole, l'essentiel du travail de l'élite consiste à neutraliser les crises pouvant affaiblir la foi en le régime. Le premier scandale à secouer l'État français est l'affaire Panama. La France a obtenu le contrat pour creuser le canal de Panama qui allait permettre aux grands bateaux de passer de l'océan Atlantique à l'océan Pacifique sans devoir contourner tout le continent sud-américain. Cependant, la lenteur des travaux, la croissance exponentielle de leur coût et, surtout, la corruption des milieux politiques et financiers font douter les Français des intentions véritables de leurs dirigeants. Le système capitaliste démocratique est désigné comme ayant le cœur pourri. Un général du nom de Boulanger devient le porte-parole de ceux qui ont perdu confiance en les instances du système parlementaire et demande une révision en profondeur de sa structure. Un mouvement populaire, le *boulangisme*[1], naît. La ferveur des boulangistes inquiète l'élite bourgeoise, qui craint une nouvelle révolution. Le suicide du général (1891), surprenant et douteux, coupe les jambes au mouvement, qui se désagrège et disparaît.

Mais le plus grand scandale à secouer le gouvernement de la Troisième République sera celui causé par l'affaire Dreyfus. En 1894, Alfred Dreyfus, général juif français, est sommairement condamné à la prison à perpétuité pour avoir prétendument vendu des secrets militaires à l'Allemagne. Pendant que le général purge sa peine en Guyane française, une faction de *dreyfusards* soulève un tollé dans les journaux, accusant le gouvernement d'antisémitisme et de fabrication de preuves, ce à quoi répondent dans les journaux et sur les tribunes les *antidreyfusards*, qui maintiennent la culpabilité du général et défendent l'intégrité de l'État. Jusqu'en 1899, les acteurs politiques et intellectuels français seront ainsi polarisés : par exemple, Émile Zola et Marcel Proust se portent à la défense de Dreyfus, alors que Maurice Barrès et Jules Verne se montrent de redoutables polémistes antidreyfusards.

---

1 Nom donné au mouvement d'opposition au règne parlementaire mené par le charismatique général Boulanger et qui mobilise une partie importante de la population française à la fin des années 1880.

Manifestation antidreyfusarde à Paris lors de la révision
du procès, octobre 1898.

Le résultat de cette lutte — à part la libération de Dreyfus en 1906 — est la naissance des clans dits de droite et de gauche dans le domaine politique; la naissance aussi de la figure de l'intellectuel, du penseur engagé qui influe sur la vie politique et sociale par le truchement de la presse; et, finalement, celle de la laïcisation de l'État : l'exacerbation des tensions politiques et religieuses pendant l'affaire Dreyfus rend nécessaire la Loi sur la séparation de l'Église et de l'État en 1905.

En dépit des crises qui mettent au grand jour la corruption de l'élite et les histoires d'horreur des colonies, révélées parfois par la presse de gauche ou par des émissaires de la métropole revenus, estomaqués, des colonies[1], la triade bourgeoisie-armée-noblesse conservera jusqu'à la Première Guerre mondiale sa mainmise sur les affaires de l'État. Elle usera de sa puissance et de son prestige pour contrer les forces du changement qui se mobilisent. En effet, grâce à l'alphabétisation du peuple et à la popularisation des thèses marxistes, des groupes d'opposition au régime se constituent. Leurs membres se rallient autour d'une doctrine plus ou moins idéaliste, dont l'objectif est de devenir un mouvement populaire qui changera la société. Les -ismes abondent en cette période : syndicalisme, marxisme, socialisme, communisme, et bien d'autres, mais leur influence sera toujours contenue par l'élite bourgeoise et militaire, très stratège et peu scrupuleuse. En général, la population française se laisse bercer par le faste et le charme de la Belle Époque[2], qui

---

1 Un de ces émissaires, qui exposera les horreurs du colonialisme anglais, sera Joseph Conrad qui, après son retour du Congo, publiera *Au cœur des ténèbres*. Dans cette longue nouvelle publiée en 1902, Marlowe, un jeune Britannique employé d'une compagnie coloniale, remonte le fleuve Congo jusqu'au cœur de l'Afrique pour retrouver Kurtz, dont la compagnie n'a plus de nouvelles. Le voyage de Marlowe est une reprise de la traversée des neuf cercles de l'Enfer qu'accomplit le poète de Dante dans *La Divine Comédie* (1321).
2 Période de prospérité et d'allégresse correspondant à la dernière décennie du XIXe siècle.

bat son plein, mais elle n'ignore pas que l'ordre social règne au prix d'injustices innombrables. Elle préfère fermer les yeux à cette réalité-là et se résigner à un état de choses qui semble relever du destin.

C'est dans ce contexte de résignation devant l'exercice brutal et cynique du gouvernement que Jarry décide de faire monter sur toutes les scènes l'horrible, le concupiscent, le vulgaire, le tyrannique père Ubu.

LE CONTEXTE CULTUREL

Comme cela a été le cas dans le domaine politique, la fin de ce siècle multiplie les -ismes dans le domaine culturel : le romantisme a encore beaucoup d'adeptes, le réalisme et le naturalisme y auront leur âge d'or, et le symbolisme prendra son élan. Le théâtre de Jarry s'oppose à ces courants en vogue et s'avère le précurseur des modernistes, qui ébranleront la scène dramatique et culturelle à partir de 1913.

Le romantisme

À l'origine, le terme «romantique» désignait le mouvement nostalgique vers les valeurs du Moyen Âge, où l'on parlait la langue romane (ancêtre du français). Avec Lamartine, Hugo, Musset et d'autres, le romantisme devient une esthé-tique qui met en valeur le caractère fascinant et insondable de la vie intérieure. S'inspirant des chants courtois des trou-badours, les romantiques vouent un culte à l'expression sincère des émotions — qu'elles soient exaltantes, comme l'amour ou la foi, ou désespérantes, comme l'exil, le deuil ou la tentation du suicide. Ils croient en la vertu de l'expression de la singularité de l'émotion, qui se double souvent d'un sentiment d'extrême solitude. «Sincère», pour le romantique, signifie «simple», «accessible». L'expression sincère des émotions ne demande pas, pour qu'on la comprenne, que le lecteur soit initié ; l'art romantique évite d'être trop subtil ou cérébral. La nostalgie du romantisme pour une terre préindustrielle, voire édénique, le pousse à vénérer, de manière parfois ouvertement païenne, la nature, c'est-à-dire le paysage non marqué par l'activité humaine ou dans lequel les lois naturelles dominent les lois humaines (d'où l'idéalisation des situations pastorales, des ruines...). Finalement, comme la vie intérieure singulière prime, le romantisme admet — prône même — le non-respect des règles classiques gouvernant l'art. Et comme la vie intérieure est irrationnelle, son expression a le droit de l'être aussi.

Le romantisme au théâtre passe par le drame romantique. Celui-ci met en scène des situations historiques idéalisées, ou alors des pays lointains non moins idéalisés et qui partageraient avec le pays perdu idéal la pureté d'avant l'ère industrielle. Comme il est souvent la chronique d'un héros, le drame romantique fait fi des exigences classiques : l'action, qui implique une foule de personnages, s'étale sur des années, fait voyager d'un endroit à l'autre, d'un continent à l'autre. En outre, Victor Hugo, le dramaturge romantique par excellence, prône dans son théâtre la synthèse du grotesque et du sublime, du tragique et du comique, du réel et du fictionnel. Le drame romantique entend dénoncer le sort réservé aux marginaux, comme les fils répudiés par leur famille, les orphelins, les criminels, qui, en vertu de leur vie intérieure, sont édifiés à la manière des martyrs. Les grands sentiments sont bruyamment célébrés.

Est-ce par hasard que cette génération a «redécouvert» Shakespeare ? Ce géant du théâtre élisabéthain, dont l'œuvre date du XVIe siècle, ne pouvait qu'être vénéré par des dramaturges romantiques, qui se sont inspirés de ce préclassique pour mieux forger leur postclassicisme.

Cependant, s'il est vrai que beaucoup de drames romantiques ont été écrits, relativement peu ont été montés sur scène, et parmi ceux qui l'ont été, peu ont été acclamés. Ce théâtre pour les masses a été, bien paradoxalement, un théâtre davantage *lu* que *représenté*. Cela explique peut-être pourquoi, dans les décors et dans le jeu, le drame romantique ne présente à peu près aucune innovation substantielle.

La production dramaturgique d'Hugo se concentre dans les années 1830 et 1840 ; Musset meurt en 1857, mais l'esprit romantique au théâtre connaîtra une longue vie grâce aux œuvres d'Alexandre Dumas fils, dont les pièces romantiques, plus simples et plus réalistes que celles de ses précurseurs, seront jouées jusqu'à la toute fin du siècle et inspireront le théâtre du Boulevard.

Le réalisme

À partir du milieu du siècle, toute une génération de dramaturges voudront renouveler la dramaturgie française en s'inspirant des innovations apportées par le roman réaliste et le roman naturaliste. À l'instar des romanciers, les dramaturges, soucieux de produire d'authentiques «tranches de vie», pratiquent l'observation d'un sujet choisi pour les fins d'une étude qui aura un caractère soit sociologique ou psychologique (visée réaliste), soit physiologique (visée naturaliste). À l'élégance, aux sentiments sublimes et aux artifices du langage, ils préfèrent la vérité crue. Les comédiens sont tenus d'éviter le faux naturel, ce que doit favoriser une étude approfondie de la psychologie du personnage. Les éclairages, eux, doivent aider les décors en carton à paraître aussi naturels que ceux d'une photographie. L'étude sociale que livre le dramaturge à l'aide des comédiens et d'un décor imitant parfaitement le quotidien est accompagnée d'une critique sociale, car ce théâtre vise non seulement à dévoiler le caractère cruel et médiocre de l'existence, mais aussi à pointer du doigt d'inadmissibles plaies sociales.

Ce théâtre, qui ne connaîtra qu'un succès très limité, sera, comme le drame romantique, absorbé par le théâtre du Boulevard.

Le Boulevard

Le théâtre du Boulevard désigne les pièces de facture légère et réaliste qui se jouaient sur les grands boulevards de Paris, au faîte de la Belle Époque. S'inspirant de l'œuvre romantique d'Alexandre Dumas fils, il réintroduit dans les personnages une certaine élégance et emprunte au romantisme son goût de l'intrigue accélérée, riche en rebondissements. Il explore, en outre, toutes les situations possibles du triangle amoureux (mari, femme, amant ou amante) en vue de peaufiner la recette et d'amener la stylisation du personnage à un degré supérieur. Cependant, ce théâtre plonge aussi une racine dans le terreau réaliste, car il privilégie les situations quotidiennes et traite des questions sociopolitiques chères à la bourgeoisie, comme l'érosion des traditions, les réformes dans le domaine de l'éducation et l'émancipation des femmes. À la différence du théâtre réaliste ou naturaliste, toutefois, il ne s'encombre pas d'une étude scientifique ou d'un programme sociopolitique : dans une intrigue endiablée, avec légèreté et humour, il représente la société aux prises avec une question d'actualité.

C'est cette forme de théâtre qui est la plus populaire quand Jarry rédige *Ubu Roi*. Le meilleur représentant du Boulevard est sans contredit Edmond Rostand. Sa pièce *Cyrano de Bergerac*, représentée en 1897, soit l'année après la première d'*Ubu Roi*, sera encensée par la critique et applaudie avec enthousiasme par le public français, désireux d'oublier les crises morales qui secouent la République en réinjectant dans son existence un sublime à la fois édifiant et divertissant.

Le symbolisme

Le théâtre symboliste, qui arrive d'outre frontières comme le romantisme avant lui, met bien du temps à prendre racine en France. Les théâtres d'Ibsen, de Strindberg, de

Wagner suscitent plus d'interrogations que d'applaudisse-
ments. Ce sera grâce au belge Maurice Maeterlinck que
naîtra la première œuvre dramatique symboliste en
français, *Pelléas et Mélisande*. Cette pièce illustre la croyance
symboliste que le rapport de l'humain au monde ne passe
que par des signes et que les signes de tous les arts peuvent
travailler ensemble pour favoriser une libération sur le plan
intérieur. Avant les travaux de Freud, Strindberg explorait
déjà l'inconscient, ce bassin essentiel d'être qui ne s'exprime
au conscient que par des signes. Parallèlement, les poètes
français qui se réclamaient de Baudelaire exploraient depuis
belle lurette le signe poétique, qui pouvait être hermétique.

De la même manière que dans un poème ou dans une
composition musicale, le drame ne devait plus représenter la
réalité, mais signaler une réalité cachée. Du coup, affranchis
de la nécessité de représenter le réel, les décors deviennent
minimalistes. Comme il ne s'agit plus de faire un portrait
d'une tranche de société, mais de plonger le spectateur dans
le secret dissimulé derrière les apparences, le nombre de
personnages diminue grandement et l'intrigue est considé-
rablement simplifiée. De plus, grâce aux progrès techniques,
les chandelles, qui servaient auparavant à l'éclairage, sont
remplacées par des lampes incandescentes, plus faciles et
moins dangereuses à manier. À la différence de la lumière
des chandelles, celle des lampes, dont l'intensité est variable
à volonté, peut être aisément colorée et projetée sur des
endroits précis de la scène, devenant ainsi un élément crucial
dans la définition des atmosphères.

Ce théâtre cérébral et mystique fait parler de lui, mais
n'attire pas de foules comparables à celles qui affluent lors
d'un spectacle du Boulevard. C'est que le travail artistique
pour le symboliste ne vise pas le divertissement, ni la
catharsis sentimentale, mais procède d'une recherche rigou-
reuse et d'une intention métaphysique, souvent étrangères
aux intérêts du grand public. En fait, si le dramaturge

symboliste ose produire une œuvre difficile à comprendre, voire incompréhensible, c'est qu'il est convaincu que le langage même de l'art, pour autant qu'il est bien travaillé, peut lui révéler l'infini. Le symbole est pour lui un signe qui permet une connaissance inédite, et l'œuvre théâtrale, qui implique l'exploitation simultanée de tous les langages artistiques, est la meilleure occasion pour explorer les ressources du signe. En définitive, il s'agit du premier type de théâtre qui délaisse l'explication ou la représentation du monde pour tout miser sur la suggestion.

Un nombre restreint de personnes apprécient ce théâtre et travaillent à son épanouissement. Ces dernières, conscientes de la marginalité de leur esthétique, s'y consacrent néanmoins en espérant être comprises des générations futures : elles forment l'avant-garde, un ensemble d'expérimentateurs généralement incompris qui considèrent leurs œuvres comme les premières manifestations d'un phénomène qui deviendra plus général dans l'avenir. Parmi les hommes de théâtre sensibles à cette nouvelle esthétique figurent Paul Fort et Aurélien Lugné-Poe[1]. Le premier, Fort, ami de Jarry, fonde le Théâtre d'Art en 1891 et aide à la diffusion des pièces symbolistes étrangères. Le second, Lugné-Poe, met son théâtre à la disposition de jeunes dramaturges marginaux, comme Alfred Jarry.

Le symbolisme contient en germe la modernité radicale dont *Ubu Roi* sera le précurseur. En effet, l'abandon de l'impératif réaliste, l'exploration de l'inconscient et la constatation nietzschéenne de la nature profondément instinctive, voire bestiale de l'être humain appartiennent en même temps aux dramaturges modernes et à la plupart des

---

1 Aurélien Lugné-Poe (1869-1940) a consacré sa vie à la promotion, à Paris, du théâtre étranger et expérimental. Ses activités au sein de la troupe du Théâtre-Libre, sa codirection du Théâtre d'Art, puis sa direction du Théâtre de l'Œuvre ont fortement contribué à renouveler le langage théâtral et à encourager l'épanouisse-ment du théâtre moderne en France.

dramaturges symbolistes. Il est vrai que le théâtre de Jarry contient aussi ces traits, mais ceux-ci ne font pas en sorte que son théâtre puisse être pleinement recouvert par l'étiquette «symboliste». Trop d'aspects de son théâtre jurent avec cette catégorie : l'évacuation de l'intériorité, l'absence d'un au-delà sacré, la profonde et grinçante dérision... Bref, son théâtre émane sans aucun doute de la tradition symboliste, mais il s'en détache tout aussitôt, comme le fait toute vraie avant-garde, car il appartient à une esthétique qui n'existe pas encore : la modernité.

Affiche d'une représentation
d'*Ubu Roi* au Théâtre de l'Œuvre, 1922.

JARRY ET SON ŒUVRE

LA VIE DE JARRY

L'enfance et la jeunesse

Jarry naît en 1873 dans une famille humble (son père occupe la fonction de représentant de commerce) installée à Laval, petite ville à 240 km de Paris. Il y fait des études brillantes et s'exerce déjà à la rédaction de poèmes, qui sont dans un style romantique décadent.

En 1888, la famille Jarry déménage à Rennes. Au lycée, le jeune Jarry fréquente les frères Charles et Henri Morin. Ceux-ci ont déjà inventé une pièce de théâtre qui imite, pour s'en moquer, des pièces nobles vues en classe et dans laquelle figure leur professeur de physique, le professeur Hébert. Dans la pièce farcesque, celui-ci porte le nom de «père Héb» ou «père Ub» et joue le rôle d'un énorme personnage grotesque et tyrannique. Jarry se joint aux frères Morin, participe à l'élaboration de la pièce et ensemble ils constituent le théâtre des Phynances, théâtre de guignols[1] amateur qui se spécialise dans les représentations d'une seule pièce, *Les Polonais*. Celles-ci ont lieu tantôt chez Jarry, tantôt chez les frères Morin.

En 1889, en classe de philosophie, un des professeurs de Jarry enseigne la pensée de Friedrich Nietzsche, non encore traduit en français, dont l'un des concepts clés est qu'une volonté parfaitement irrationnelle et injustifiée de puissance animerait toute vie, y compris la vie humaine. L'année suivante, Jarry obtient son baccalauréat, avec des notes satisfaisantes.

---

1 *théâtre de guignols* : théâtre comique dans lequel des personnages sont incarnés par des marionnettes sans fils, animées par les doigts d'opérateurs cachés.

Une insertion sociale frustrée

En 1891, Jarry s'installe à Paris pour préparer le concours d'entrée à l'École normale supérieure. Il suit, entre autres cours, ceux d'Henri Bergson, philosophe qui a réfléchi à la fonction critique du rire. Malgré cette préparation, Jarry échoue au concours d'entrée de 1891, comme il le fera aussi, d'ailleurs, en 1892 et en 1893. Sa seule réussite, à cette époque, est la réception faite à *Guignol,* texte où figure déjà Père Ubu et qui lui mérite le premier prix d'un concours littéraire : ce sera sa première publication, en avril 1893. Sa mère, venue le rejoindre en janvier pour le soigner d'une grave typhoïde, peut partager avec lui ce grand moment, mais elle meurt quelques semaines plus tard.

Grâce à un petit héritage reçu de son oncle décédé en 1894, Jarry s'installe dans un appartement plus luxueux et décide d'abandonner l'idée d'entrer à l'École normale supérieure au profit d'études en littérature. Ses deux tentatives d'entrer à la Sorbonne pour la licence ès lettres sont cependant refusées. Cette année-là, il fréquente le peintre Paul Gauguin ainsi que les poètes Stéphane Mallarmé et Léon-Paul Fargue, et il se lance dans la rédaction de nombreux textes pour diverses revues littéraires parisiennes. Ces textes poétiques et dramatiques, rassemblés, seront publiés en octobre sous le titre *Les Minutes de sable mémorial.* Avant la fin de l'année, il dirige une revue littéraire et entre en relation avec Aurélien Lugné-Poe, directeur de théâtre.

Vers la fin de 1894, Jarry doit retourner à Laval pour accomplir son service militaire. Un peu moins d'un an plus tard, il sera réformé (libéré du service militaire) à cause de sa mauvaise santé. Quand il retourne à Paris, il doit réintégrer son modeste appartement, qu'il appelle le «Calvaire du Trucidé». En 1895, son père meurt d'un accident de cheval, ce qui lui vaut un autre petit héritage, dont il se servira pour fonder une revue d'estampes et pour financer la première production d'*Ubu Roi*. La même année, Jarry publie sa première pièce de théâtre, *César-Antéchrist*. L'année suivante, il convainc Lugné-Poe de monter *Ubu Roi*, qui sera publié peu de temps après. Les représentations de cette pièce font beaucoup parler de Jarry. Charles Morin, l'aîné des deux frères connus au lycée, l'attaque publiquement, l'accusant d'avoir volé son œuvre.

La misère et la gloire

Comme Jarry manque d'argent pour payer son loyer (et les dettes qu'il contracte), il se fait évincer du «Calvaire du Trucidé». Il est alors obligé d'élire domicile dans un demi-deuxième étage (étage coupé en deux dans le sens de la hauteur). Par bonheur, Jarry est petit et arrive à se déplacer dans cet espace tronqué sans devoir se courber ; par contre, comme sa tête frôle le plafond, souvent, au dire de ses amis, il lui arrive de sortir avec les cheveux poudrés de plâtre.

Dans les années qui suivent, Jarry écrit la suite d'*Ubu Roi* : *Ubu enchaîné*, *Ubu cocu* et *Ubu sur la butte*. Il prononce en outre de nombreuses conférences et rédige des articles percutants sur le théâtre. À partir de 1903, il fréquente Guillaume Apollinaire, Pablo Picasso, Max Jacob et André Salmon, bref le noyau dur de l'avant-garde française qui ne va pas tarder à révolutionner les arts. Cependant, malgré sa notoriété, Jarry ne cesse de s'endetter. Il est aussi très souvent malade.

En mai 1907, il est évincé de son demi-appartement et est pourchassé par ses créanciers, parfois remboursés par ses amis. Il est néanmoins contraint de quitter Paris jusqu'en octobre, car le coût de la vie s'avère trop élevé. À ce moment-là, grâce à un petit apport d'argent, Jarry revient à Paris, mais pour y mourir, à peine un mois plus tard, d'une banale méningite.

L'ŒUVRE DE JARRY

Ubu Roi est non seulement la première pièce de Jarry, il est aussi le début d'un cycle de trois pièces complété par *Ubu enchaîné* et *Ubu cocu* (*Ubu sur la butte* n'est qu'une forme abrégée d'*Ubu Roi*). Le personnage de Père Ubu prend donc beaucoup de place dans l'œuvre de Jarry. Cela est d'autant plus vrai que certains écrits antérieurs à *Ubu Roi*, notamment *César-Antéchrist* et le segment des *Minutes de sable mémorial* intitulé «Guignol», contiennent déjà le personnage en germe. De plus, une bonne partie des essais, conférences et créations prosaïques de Jarry commentent le cycle dramatique ubuesque (le texte «De l'inutilité du théâtre au théâtre», par exemple) ou y ajoutent des annexes (comme les *Almanachs du père Ubu*), de sorte que, de manière générale, une partie importante de la production littéraire de Jarry concerne, de près ou de loin, le terrible Père Ubu.

La première représentation d'*Ubu Roi* suscite de vives réactions : dès la première réplique (et quelle réplique !), plusieurs se lèvent et quittent la salle. Le dramaturge Courteline, maître des comédies du Boulevard, quitte lui aussi la salle, outré, déclarant que Jarry se moque du public. Il arrive même un moment où la représentation risque d'être interrompue, tant les huées des spectateurs sont hostiles et fortes. Toutefois beaucoup restent et, au dire du comédien qui incarnait Père Ubu, rient de bon cœur. Les critiques qui paraissent dans les journaux dans les semaines suivantes sont d'opinions divergentes : les personnes les plus scandalisées condamnent la pièce, alors que les plus hardies saluent l'initiative du jeune dramaturge. Mais ce sur quoi tous les critiques semblent s'entendre, c'est que, pour la première fois peut-être, les spectateurs ont devant eux une œuvre qui ne cherche aucunement à plaire : elle remue, elle brasse les consciences tranquilles, elle ne laisse personne indifférent.

Ubu Roi ne pouvait avoir d'autre effet, puisque cette pièce s'inscrit en faux contre toutes les esthétiques dramatiques de l'heure : le refus de tout réalisme fait d'*Ubu Roi* une pièce antinaturaliste, antiboulevard, et le refus de l'édification d'un sentiment ou d'une grandeur intérieure en fait une pièce antiromantique. En effet, Jarry déploie des énergies considérables pour saboter l'illusion réaliste. Il suggère des vêtements incongrus, représentatifs d'aucune époque ; il prône l'usage de masques et de marionnettes ; un piquet planté sur scène indique le lieu de l'action ; les accessoires sont fantaisistes ou rappellent le jeu enfantin. Par exemple, Jarry demande que le cheval à Phynances ne soit pas autre chose qu'une vulgaire tête de cheval pendue au cou de la personne qui serait en train de le monter ! Bref, il fait tout pour que son théâtre soit aussi loin de la réalité que peut l'être le théâtre de guignols.

Même les membres du public qui connaissaient le théâtre symboliste ont dû être heurtés, car le théâtre de Jarry n'a pas de dimension métaphysique : l'innovation sur le plan du langage théâtral n'a pas comme visée de favoriser une transcendance spirituelle, mais de choquer, de conscientiser. Jarry partage cependant avec les dramaturges symbolistes la volonté de s'opposer au réalisme et d'investir tout signe théâtral (décor, objet scénique, comédien, éclairage, musique…) d'une fonction et d'un sens inédits. L'abolition de l'illusion réaliste, par exemple, permet à Jarry de redéfinir le rapport entre le comédien et le personnage. Plutôt que d'analyser le personnage afin de mieux l'incarner, le comédien est le porteur d'un personnage qu'il n'est pas, qui demeure séparé de lui. Le port d'artifices, comme le masque ou le costume insolite, qui rappelle au spectateur la distinction entre le comédien et le personnage, assure à ce dernier une existence en tant qu'archétype ou totem. Ainsi, Jarry renoue avec un certain théâtre grec et les théâtres dits primitifs, où prime la cérémonie.

Jarry demande aussi que le décor soit «héraldique», c'est-à-dire qui suggère au lieu de représenter, grâce à une couleur unie que fait valoir l'éclairage. La rareté des éléments scéniques oblige le spectateur à tout interpréter comme un symbole : un cadre au mur devient une fenêtre, une personne qui entre sur scène représente toute une foule, une porte est signifiée grâce au seul geste d'un comédien… Ainsi, Jarry redéfinit-il le rapport du spectateur à la scène.

Au lieu de motivations psychologiques ou sentimentales, toutes les motivations des héros de Jarry sont physio-logiques ou irrationnelles : ils ont faim, ils veulent dormir, ou alors ils sont pris par une insatiable volonté de puis-sance, sans origine et sans fin. De cette manière, Jarry balaie du revers de la main les prétentions humanistes et l'idéal de civilisation que véhiculaient les pièces de théâtre avant lui. Le lien entre la logique qui gouvernerait le monde réel et la représentation théâtrale est rompu. Ainsi, Jarry s'assure que son théâtre ne reproduise pas l'hypocrisie du discours de l'élite régnante, qui, d'une part, se proclame l'ange gardien noble et désintéressé des valeurs humanistes et qui, d'autre part, écrase toute dissidence et exploite de manière éhontée les peuples et les richesses des colonies. La nature des personnages de Jarry accomplit cette rupture entre l'être scénique et les apparences convenues, tout comme le font les enchaînements incongrus des scènes, et les rapports fantaisistes ou carrément obscurs établis entre les mots et les choses qu'ils désignent.

Tous ces nouveaux rapports entre le comédien, le per-sonnage, la scène et le langage impliquent la destruction des anciens rapports ainsi que celle d'une certaine vision du monde. Tout ce qui passait pour sacré est attaqué par Jarry, afin que le divorce entre le théâtre et la représentation puisse avoir lieu. L'insolence du dramaturge, la dérision de ses personnages et de ses intrigues doivent rendre au théâtre sa théâtralité, c'est-à-dire la capacité de signifier en dehors de l'exigence de la représentation, en exploitant le plus possible les ressources propres à cet art. Comme l'ont fait la peinture et la musique, Jarry voudrait voir le théâtre se doter d'un univers propre, avec ses lois et ses qualités.

De son vivant, Jarry aura peu profité du succès d'*Ubu Roi*, mais il aura toujours profité de la vague de controverse suscitée par cette pièce qui fonde la modernité dramatique. Ses pièces sont jouées, font beaucoup parler d'elles (en mal et en bien), il a beaucoup de tribunes où il peut répliquer à ses critiques. Au moment de sa mort, Jarry doit savoir qu'*Ubu* existe, que ce personnage va durablement bouleverser la dramaturgie, mais la reconnaissance de ce fait ainsi que celui d'avoir lancé la modernité ne viendra qu'après sa mort, quand Apollinaire montera *Les Mamelles de Tirésias* et quand l'expressionnisme, le dadaïsme et le surréalisme prendront leur essor.

Photographie de Jarry sur sa bicyclette
Clément Luxe modèle, 1897.

L'ŒUVRE EXPLIQUÉE

LA GENÈSE DE L'ŒUVRE

La pièce *Ubu Roi* et son grotesque personnage principal sont le produit de la révolte de jeunes adolescents contre la culture humaniste que les lycées français leur inculquent. Trop conscients de l'écart entre les valeurs idéalistes des œuvres qu'on leur présente comme des modèles et l'évidente corruption de ceux qui détiennent le pouvoir, Charles et Henri Morin élaborent une farce qui tourne en dérision tout ce que les éducateurs tiennent pour sacré. Jarry, qui, à quinze ans, avait déjà écrit plusieurs longs poèmes, se joint à eux quand sa famille déménage à Rennes et participe, lui aussi, à l'élaboration du personnage de Père Ubu. Mais pour Jarry, le personnage et les pièces dont il sera le protagoniste seront plus que les simples composantes d'une farce : ils seront de puissants déclencheurs d'une révolution culturelle et sociale. *Ubu Roi* et sa suite, *Ubu cocu*, sont des œuvres finies quand Jarry quitte le lycée de Rennes. Pourtant, il continue de les travailler au cours de sa vie parisienne. Pendant cinq ans, Jarry modifie quelque peu sa pièce *Ubu Roi* jusqu'à ce que Lugné-Poe accepte de la monter dans son théâtre. Jarry se voit enfin donner la chance de déstabiliser sérieusement le public français, trop à l'aise dans sa suffisance et sa prétention.

Les sources

De toute évidence, *Ubu Roi* tourne en dérision plusieurs pièces considérées comme d'incontournables références de la dramaturgie classique par l'élite française de l'époque. *Ubu Roi* imite, pour s'en moquer, les pièces antiques, notamment *Œdipe roi*, de Sophocle, certaines pièces du répertoire classique français et les tragédies de Shakespeare, dont *Macbeth*.

D'abord, en jouant sur l'opposition diamétrale entre la structure du personnage d'*Œdipe roi* et celle de Père Ubu, Jarry inscrit sa pièce parmi les parodies. En effet, Œdipe croit qu'il est un roi légitime et juste, puis découvre qu'il est en fait un usurpateur parricide et incestueux. Quant à Père Ubu, il est un petit noble tranquille, quoique fort grossier, qui devient délibérément un usurpateur sanguinaire, prêt à massacrer quiconque s'oppose à sa terrible soif de richesse et de pouvoir. Qui plus est, ces deux personnages s'opposent par leur intériorité : Œdipe souffre terriblement de ses remords, alors que Père Ubu en est complètement dépourvu.

Ensuite, certaines répliques d'*Ubu Roi* sont calquées sur celles de vers célèbres du classicisme, comme cette réplique de Mère Ubu : «Grâce au ciel j'entrevoi Monsieur le père Ubu qui dort auprès de moi», calquée sur ces vers d'*Andromaque* de Racine : «Grâce au ciel j'entrevoi / Dieux ! Quels ruisseaux de sang coulent autour de moi !». Autre parallèle : la scène dans laquelle Père Ubu prend d'abord l'ours pour «un petit toutou» qu'il faut tuer est un clin d'œil à une scène de *La Princesse d'Élide* de Molière, où le personnage de Moron est attaqué par un ours qu'il avait d'abord trouvé «galant».

Enfin, c'est le théâtre élisabéthain de Shakespeare que la pièce de Jarry parodie le plus : le songe prémonitoire de la reine Rosemonde, la présence de fantômes, l'emploi régulier du messager, du coup de théâtre inattendu, la grande importance accordée aux complots et aux combats sur scène rappellent le théâtre de Shakespeare, où ces éléments dramatiques étaient monnaie courante. Le liminaire d'*Ubu Roi* consiste par surcroît en un passage en faux ancien français dans lequel est révélé que toutes les grandes tragédies du dénommé Shakespeare sont en fait des œuvres de Père Ubu. Jarry semble corroborer ce liminaire fantaisiste en reprenant presque intégralement dans *Ubu Roi* certaines scènes des pièces de Shakespeare. Par exemple, la

première scène d'*Ubu Roi* est une reprise de la scène de
Macbeth, où Lady Macbeth tâche de convaincre son mari de
tuer le bon roi Duncan en vue d'usurper son trône.
L'épisode dans la grotte où Bougrelas, voyant défiler devant
lui les fantômes de ses ancêtres, se voit sommé de les venger
reprend une autre scène de *Macbeth*, où le protagoniste
principal assiste, lui aussi, à un défilé de fantômes. Finalement, quand le couple Ubu et les Palotins fuient la Pologne
en bateau, ils passent tout près du château d'Elsineur,
l'endroit exact où se déroule, justement, l'action de *Hamlet*.

LES PERSONNAGES

Les personnages d'*Ubu Roi* n'ont rien de réaliste, et
Jarry ne s'en excuse pas. Dans son discours prononcé à la
première représentation de la pièce, Jarry reconnaît aux
spectateurs la liberté de ne voir en Père Ubu qu'un
«simple fantoche». Il fait jouer ses comédiens «enfermés
dans un masque», faisant d'eux de grandes marionnettes.
Dans le même discours, il déplore qu'il n'ait pu réunir un
orchestre pour accompagner les comédiens d'une authentique musique de foire. Le fait qu'il insiste sur ces aspects
témoigne de son désir d'empêcher le processus d'identification du spectateur au personnage. Ce dernier, plus qu'une
caricature, devient un archétype, ou, comme Jarry le dit
lui-même : «une abstraction qui marche». Le comédien qui
le joue n'essaie pas d'*incarner* une essence primitive : il se
limite à être le porteur d'attributs (masque, costume, voix)
qui, ensemble, constituent un être séparé du comédien, et
le dépassent.

Pour Jarry, il importe que ses personnages, constitués
presque uniquement de vices, soient perçus comme des
pantins grossiers, et non comme des êtres humains. Par leur
truchement, Jarry critique le précepte humaniste selon
lequel l'être humain est fondamentalement bon et aspire au
bien. Au contraire, en cette fin de siècle, Jarry voit l'être

humain comme un pauvre animal épris de rêves de grandeur, mais qui, en réalité, est le jouet de ses pulsions (on sent ici l'influence des discours de Nietzsche et de Freud). Les mobiles des personnages de Jarry ne sont pas senti-mentaux, moraux ou psychologiques : ils sont organiques, physiologiques, car ils visent avant tout la satisfaction, par tous les moyens, des besoins primaires : manger, déféquer, dormir, éviter la souffrance et la mort… Ainsi, les actes des personnages ne découlent pas d'une volonté : ils sont plutôt les effets d'une mécanique dont l'instinct est le ressort. Autrement dit, les personnages obéissent aveuglément aux impératifs de leurs besoins physiologiques. La vertu apparaît alors comme un mensonge, une construction mentale que les hypocrites brandissent pour se déculpabiliser et mieux dominer leurs semblables.

En résumé, loin de correspondre à la vision idéaliste que l'être humain a de lui-même à cette époque, Père Ubu représente la quintessence même de sa nature véritable, nature peu reluisante il va sans dire, d'où cette affirmation de Jarry : «M. Ubu est un être ignoble, ce pourquoi il nous ressemble».

Père Ubu

Ce qu'il y a d'étonnant dans ce personnage, à part la constance de sa goinfrerie et de sa lâcheté, c'est la multiplicité des formes qu'il revêt et l'étendue de sa présence à travers l'œuvre de Jarry. En effet, Ubu est tour à tour objet de maintes lithographies de Jarry et auteur d'almanachs ; ce personnage figure même dans un des recueils de poésie de son auteur, comme pour en contrer le caractère trop sérieux. Père Ubu sert donc à décloisonner les genres et les arts, à favoriser un culte du joyeux éclatement et de l'im-pureté ludique. Il illustre aussi la fascination de Jarry pour le signe, qu'il soit verbal (jeux de mots de toutes sortes) ou visuel. En effet, Père Ubu est représenté à l'aide de signes de natures différentes (écrit, dessin, pièces de théâtre) et il joue de multiples rôles (personnage, auteur fictif) à l'intérieur même de ce signe complexe qu'est l'œuvre de Jarry. De plus, présent dans plusieurs textes de Jarry, et non seulement dans *Ubu Roi*, Père Ubu se fait sans cesse l'écho des différents rôles qu'il joue dans ceux-ci, si bien qu'il oblige le lecteur à le considérer non seulement comme une créature de la pièce, mais aussi comme une présence ayant plus de réalité que la pièce elle-même, puisqu'il la déborde largement.

Quelle que soit l'œuvre dans laquelle Père Ubu se trouve, il est invariablement *corpulent*. Dans *Ubu Roi*, à la SCÈNE 3 de l'ACTE I, il fait explicitement référence à son corps, s'avouant être très gros. D'ailleurs, dans cette même scène, sa goinfrerie est manifeste. Son ventre imposant, au nom duquel il jure (c'est la «gidouille» de «cornegidouille»), est tout ce qu'il tient pour sacré. Or, ce ventre, métaphore de la volonté de puissance, commande l'expansion, ce que le philosophe Nietzsche appelle la «pulsion irrationnelle de domination», moteur des civilisations, qui, par hypocrisie, tâchent de la masquer à l'aide de belles valeurs humanistes. Chez Père Ubu, la volonté de puissance ne trouve pas d'opposition, ne souffre pas la contrainte. C'est pourquoi ce personnage donne libre cours à son insolence, à sa colère, à sa grossièreté et à sa violence. Le compromis n'a aucun sens pour lui, et il est aussi intransigeant qu'il est peu stratège. Perdre le moindre brin d'avoir ou de pouvoir l'enrage.

Père Ubu est également très ouvertement lâche. N'est-il pas prêt à dénoncer Mère Ubu quand il se fait appeler par le roi Venceslas ? Ne laisse-t-il pas aux autres le soin de commettre les assassinats dès qu'il en a l'occasion (Bordure tuera le roi ; Pile et Cotice affronteront seuls l'ours) ? Lorsqu'il croit dialoguer avec l'ange Gabriel, hésite-t-il, ne serait-ce qu'une seconde, avant d'accuser autrui de ses propres actes répréhensibles ? Non. Bref, c'est sans aucune honte que Père Ubu assume le fait d'être entièrement gouverné par ses instincts.

Mère Ubu

Mère Ubu partage avec Père Ubu bon nombre de caractéristiques. Elle est aussi lâche et aussi animée par la volonté de puissance que son mari. Mais, au contraire de Père Ubu, elle connaît *la mesure*, elle est capable de compromis stratégiques. Plus intelligente que son mari, elle fait également preuve de plus d'initiative que lui : c'est elle qui, la première, pense à placer Père Ubu sur le trône, et c'est encore elle qui a l'initiative de se faire passer pour l'ange Gabriel pour qu'on lui pardonne son larcin. C'est d'ailleurs parce qu'elle fait preuve de ruse qu'elle se distingue de Père Ubu : elle est fourbe, elle complote à l'insu de son mari, elle mise sur l'astuce plutôt que sur la force brute, ce qui, conséquemment, l'éloigne un peu des instincts primaires desquels son mari est la proie.

Capitaine Bordure

Le nom du capitaine vient du lexique héraldique, c'est-à-dire de la terminologie relative aux blasons et aux armoiries. La bordure est le bord de l'écu. Son nom indique sa fonction : il est le bras droit du monarque. Étant donné l'étymologie de son nom, il n'est pas étonnant que ce personnage représente les valeurs chevaleresques, en plus d'incarner la figure de la vengeance : il accepte d'aider Père Ubu à tuer Venceslas parce que ce dernier avait tué des membres de sa famille et il offre ses services au Czar parce que Père Ubu, tyran particulièrement ignoble, n'a pas respecté sa parole. Cependant, à la scène 7 de l'acte 2, Bordure prend comme un divertissement la foule qui s'entretue pour l'or que lui jettent Père et Mère Ubu. Qu'il puisse s'émerveiller devant ce triste spectacle de la cupidité humaine le dépeint comme un homme égoïste et immoral, tout le contraire du chevalier modèle. De plus, même s'il se rachète quelque peu par la mort sur les champs de bataille alors qu'il combat pour rétablir le fils de Venceslas sur le trône, il demeure que Bordure a trahi ses deux rois. En définitive, il représente le chevalier qui soigne les apparences tout en poursuivant son intérêt.

Les Palotins Pile, Cotice et Giron

Les Palotins, mot inventé par Jarry qui signifie «ceux qui manient le pal, qui empalent», sont les tortionnaires de Père Ubu. Comme le nom de leur capitaine, les noms de ces trois personnages relèvent du lexique héraldique : ils correspondent à trois formes pouvant orner un écu. Les Palotins sont donc, comme Bordure, des caricatures de chevaliers. Giron est tué par Bougrelas, mais Pile et Cotice survivent à la bataille contre Bordure et les Russes. Ces serviteurs, pas toujours fidèles à leur maître (ils abandonnent le roi Ubu dans la grotte), sont à peu près interchangeables et toujours présents ensemble, si bien qu'une seule marionnette à deux têtes pourrait les représenter. Pour cette raison, ils correspondent à l'archétype des Gémeaux, ces frères jumeaux qui partagent tout. En effet, ils sont non seulement inséparables, mais aussi fidèles l'un à l'autre. Dans l'univers très noir où évoluent les personnages de la pièce, où chacun semble disposé à trahir jusqu'à la confiance de la personne la plus proche, le lien de fidélité et d'amitié unissant Pile et Cotice est le seul lien qui paraisse incorruptible. Ils savent être courageux lorsque c'est nécessaire, comme en témoigne le troisième épisode de la grotte, où les Palotins reviennent sauver les Ubu de la vengeance de Bougrelas.

L'ours

L'ours incarne la volonté de puissance à l'état pur. Il est l'expression de la rage dominatrice et absurde, que seule la mort peut arrêter. Le fait que le personnage de l'ours doive être joué par le même comédien qui joue Bordure donne au rêve de Père Ubu, dans lequel l'ours et Bordure sont inter-changeables, une qualité divinatoire comique.

La famille royale légitime

Le nom de Venceslas provient de l'histoire de Pologne, tout comme les noms de Ladislas et de Boleslas. Par contre, le nom de Bougrelas est une invention. Il rappelle le mot « bougre » prolongé de la consonance polonaise « -las », ce qui résume la fonction de ce personnage dans la pièce : Bougrelas est l'ennemi redouté de Père Ubu. Le nom Rosemonde, pour sa part, est un emprunt à l'histoire… mais à celle de l'Allemagne. En effet, Rosemonde était une reine du Moyen Âge allemand, qu'on a enlevée et forcée d'épouser un roi lombard. Comme Venceslas, dont l'illustre bonté a inspiré de jolies chansons, la reine Rosemonde est devenue légendaire. Ce mélange hétéroclite de divers person-nages historiques et de personnages inventés n'est pas un effet du hasard, bien au contraire : « Nous ne trouvons pas honorable de construire des pièces historiques », a déclaré Jarry à ce sujet. Ainsi, l'insoumission fondamentale de Jarry aux règles de l'art réaliste s'exprime même jusque dans le choix des noms qu'il attribue à ses personnages.

Les personnages de Venceslas et de Rosemonde incarnent assez fidèlement les qualités légendaires des personnages historiques desquels ils tirent leur origine. Par exemple, Venceslas est tellement bon qu'il est incapable d'imaginer qu'on lui veuille du mal. Cependant, Jarry amplifie la bonté du Venceslas légendaire jusqu'à la rendre absurde. En effet, la bonté excessive du Venceslas fait de lui un véritable niais : il loue à répétition l'absolue fidélité et la noblesse de carac-tère de Père Ubu, qui complote contre lui, puis, au moment même où Père Ubu va le trahir, il admire la beauté de ses soldats. Rosemonde, elle, incarne la femme modèle du Moyen Âge : elle tente d'avertir son mari qu'il est en danger de mort, elle invite son fils à l'accompagner dans la prière et elle meurt de chagrin devant le massacre de sa famille. Bougrelas sait aussi faire preuve de courage et de vertu. En effet, soumis à son père comme il se doit, il pressent le danger que représente Père Ubu pour sa famille. Il se montre héroïque quand il promet de défendre sa mère jusqu'à la mort, osant porter un coup d'épée au ventre de Père Ubu. Il venge sa famille décimée en chassant l'usurpateur du trône de son père.

L'INTRIGUE ET LE TEMPS

Tout dans l'organisation narrative et temporelle de cette pièce contribue à contester les règles du classicisme. Elle donne en effet lieu à plusieurs paradoxes et à plusieurs invraisemblances, et propulse le spectateur (ou le lecteur) dans le rythme effréné d'une succession de scènes qui rend l'ensemble aussi improbable que comique.

L'organisation du temps d'*Ubu Roi* est linéaire, tout en présentant des ellipses[1] importantes. En cela, elle ressemble à celle des pièces de Shakespeare ou du théâtre romantique. De plus, la division en cinq actes de longueur à peu près égale (chaque acte étant constitué d'un nombre déterminé de scènes : sept, sept, huit, sept et quatre) rappelle l'obsession du classicisme français pour la forme réglée. Cependant, le rythme avec lequel se déroulent les scènes d'*Ubu Roi* est particulièrement endiablé, voire chaotique. Dans les deux premiers actes, il s'y produit un grand nombre d'événements dans un très court laps de temps. En effet, l'ACTE I, qui se passe en moins d'une journée, donne lieu aussi bien à la naissance du projet de tuer le roi Venceslas qu'à l'élaboration concrète du meurtre (le roi invite en effet Père Ubu, son nouveau comte de Sandomir, à faire le tour de garde avec lui le lendemain) et à la conclusion du pacte entre les

---

1 *ellipses* : omissions d'un élément, temporel, narratif ou autre, au sein d'un récit.

membres du complot. Père Ubu n'a pas idée, en se levant ce matin-là, que, le soir même, il aura organisé un régicide. L'ACTE II relate les événements du lendemain, à savoir le massacre du roi et de sa famille, la fuite des survivants, puis la fête au palais en l'honneur du nouveau roi. Ainsi, en moins de quarante-huit heures, Père Ubu passe du statut de subalterne sans ambition à celui de roi de Pologne.

Ici, le rythme de l'action n'est pas seulement rapide, il est également ininterrompu. En effet, presque toutes les scènes de ces deux actes sont *en cascade*, c'est-à-dire qu'elles se suivent sans interruption : seules les scènes se déroulant dans un nouveau lieu impliquent une courte ellipse temporelle, à savoir le temps qu'il faut pour se rendre d'un endroit à l'autre. Les stratégies narratives des scènes en cascade et des ellipses temporelles permettent de maintenir le spectateur dans le vif de l'action, qui, après quatorze scènes ainsi enchaînées, devient tout à fait vertigineuse.

Dans l'ACTE III, le temps est morcelé en petites scènes séparées par d'importantes ellipses temporelles. Les SCÈNES 1 et 2, qui racontent le massacre des nobles et l'établissement d'impôts injustes, s'enchaînent naturellement. C'est à partir de la SCÈNE 3, alors qu'Ubu va cueillir lui-même les impôts dans les environs de Varsovie, que s'enchaînent les multiples ellipses temporelles. À la SCÈNE 5, Ubu se rend dans les fortifications de Thorn pour narguer son prisonnier, Bordure, qui précise que cinq jours se sont écoulés depuis la mort de Venceslas. À la scène suivante, Bordure se retrouve subitement à Moscou, auprès du Czar. Il aurait chevauché cinq jours et cinq nuits pour s'y rendre, apprend-on. À la SCÈNE 7, Père Ubu reçoit une lettre de Bordure lui expliquant que le Czar Alexis lui déclare la guerre. Or, si le messager a chevauché avec le même entrain que Bordure quand celui-ci s'est rendu à Moscou, au moins cinq jours ont dû séparer les deux scènes. Lors de la dernière scène de cet acte, Père Ubu est en dehors de la capitale avec son armée. Bref, les ellipses de l'ACTE III morcellent le récit en petits épisodes et favorisent l'effet de surprise et d'invraisemblance. Par exemple, Bordure, tantôt enchaîné dans des fortifications, se retrouve l'instant d'après en pourparlers avec le Czar de Russie, plus de mille kilomètres plus loin !

Cet enchaînement essoufflant d'actions chaotiques se poursuit à l'ACTE IV, qui donne lieu à la dernière séquence de scènes en cascade. La première scène s'ouvre sur Mère Ubu cherchant le trésor dans la crypte, suivie de la seconde, où Bougrelas envahit le palais royal, tue Giron et chasse Mère Ubu. La SCÈNE 3 présente Père Ubu et son armée en marche dans l'Ukraine, action qui s'enchaîne à la SCÈNE 4 avec le combat contre les Russes. Vient alors une suite de cinq scènes entre lesquelles il n'y a pas d'ellipse temporelle et qui se déroulent dans la grotte de l'ours, contre lequel il faudra se battre. Père Ubu y rêve (de combats, entre autres choses), Mère Ubu arrive et décide de se faire passer pour l'ange Gabriel avant de se faire battre par son mari, puis arrivent Bougrelas et son armée, et enfin les Palotins, au secours de Père Ubu et de sa femme, qu'ils sauvent grâce à un nouveau combat féroce. Paradoxalement, l'espace restreint de la grotte, que les personnages croient être l'endroit idéal pour se cacher, est en réalité le carrefour le plus fréquenté et le plus violemment animé de toute la pièce.

Les SCÈNES 3 et 4 de l'ACTE V, chacune isolée l'une de l'autre (la première, très brève, se déroule dehors, dans la neige ; la seconde, plus longue, sur un bateau dans la mer Baltique), servent d'épilogue. Ces scènes très courtes — elles durent à peine quelques minutes — donnent invraisemblablement aux personnages tout le loisir de voir défiler devant eux toutes les côtes de la péninsule du Danemark et de la Germanie. La vitesse avec laquelle le vaisseau se déplace — « qui tient du prodige », selon Père Ubu — est un pied de nez de plus au réalisme, en même temps qu'il permet de clore une pièce où l'intrigue s'est déroulée à un rythme haletant soutenu. Finalement, cette temporalité folle, déconstruite, est à l'image de la temporalité du monde moderne auquel Jarry se sent appartenir.

L'ESPACE

Dans *Ubu Roi*, l'action se déroule dans plusieurs espaces différents, tout comme dans les œuvres de Shakespeare, ce qui engendre de multiples changements de lieux contribuant à l'impression de chaos. Cette impression est renforcée par l'action qui s'y déroule, puisque ces lieux sont aussi la scène sur laquelle se commettent des atrocités et des injustices sans nom. Enfin, les lieux représentent non pas un lointain ailleurs, mais bien le monde dans lequel le public français évolue, voire les instances de la personnalité telles qu'elles sont définies par Freud, et donc l'intériorité même de l'être humain.

La Pologne

L'histoire commence en Pologne, c'est-à-dire, comme le dit Jarry dans son discours prononcé à la première représentation d'*Ubu Roi*, «Nulle Part». L'expression ne signifie pas, comme on pourrait le croire, «lieu sans valeur». Au contraire, le terme renvoie à l'universalité de ce pays qui, à la fin du XIXe siècle, avait été démembré, souvent envahi, soit par les Prussiens (à l'ouest), soit par les Russes (à l'est). En fait, le nom de Pologne dans *Ubu Roi* est une invention de Jarry formée du préfixe «Po», dérivé de deux adverbes de lieu grecs connotant à la fois l'interrogation et l'indéfini, et du suffixe «logne», qui serait une forme ancienne du mot «loin». La Pologne de sa pièce est donc un concept : celui d'un pays caractérisé essentiellement par son état incertain, changeant, toujours menacé. Mais il y a plus. Quand Jarry dit que l'action de sa pièce a lieu «en Pologne, c'est-à-dire Nulle Part», il situe l'action dans un cadre universel. En effet, pour Jarry «Nulle Part est partout, et le pays où l'on se trouve d'abord». En d'autres termes, les atrocités qui se déroulent dans la Pologne d'*Ubu Roi* ne sont pas limitées au seul lieu géographique évoqué : elles peuvent être observées partout. C'est pourquoi, dans ce même discours, Jarry évoque ironiquement «une vraisemblable étymologie franco-grecque, bien loin un quelque part interrogatif».

Le palais

Le palais est le lieu de la domination solennelle où l'on procède à des décisions abstraites affectant le sort des citoyens, comme celles concernant la mise à mort des nobles ou l'établissement d'un impôt sur le mariage. Puisque dans ce lieu on peut faire abstraction de l'humanité (on est séparé du peuple), le palais devient le centre de la machine déshumanisante (décervelante). C'est là en effet que Père Ubu décide des lois injustes qui écraseront le peuple, le poussant à se révolter ; c'est là aussi qu'il met en branle le processus mécanique de mise à mort, et celui du vol des magistrats et des nobles. Il s'agit d'un lieu rationnel, où les instances du pouvoir décident froidement du sort d'autrui. Ce lieu social, propre, mais dans lequel sont conçues les pires horreurs imaginables, évoque le viol systématisé des ressources et des peuples dans les colonies en même temps qu'il annonce les machines de la mort que les régimes totalitaires du XXe siècle ont malheureusement conçues, construites et utilisées.

C'est aussi dans le palais que sont définies les règles morales. En ce sens, ce lieu représente le surmoi, cette instance que Freud et la psychanalyse définissent comme le fondement du sens moral contenant les lois et les valeurs, héritées des parents ou inculquées par les éducateurs, dont le but est de protéger contre les pulsions. Cependant, dans *Ubu Roi*, le lieu du surmoi est subverti par un personnage qui porte en lui les pulsions à l'état brut, dans leur état le plus destructeur qui soit : ici, la moralité capitule devant l'immoralité.

La maison et le champ de bataille

La maison et le champ de bataille, dans la pièce de Jarry, sont des lieux qui définissent les rapports de force entre les individus. En effet, c'est là qu'ont lieu les dialogues et les combats ritualisés visant à établir ou à confirmer le rang social de chacun par rapport aux autres. La connaissance des conventions gouvernant l'hospitalité, et l'exercice de la ruse et de la force permettent aux personnages de définir leur place en société. En d'autres mots, la maison et le champ de bataille sont des lieux où se constitue le moi que la psychanalyse définit comme ce qui permet à l'individu de s'adapter à la réalité et aux autres.

Il y a essentiellement deux épisodes qui se déroulent dans les maisons des particuliers : chez les Ubu, au début de la pièce, et chez le paysan polonais, quand Père Ubu arrive pour la collecte des taxes. La maison est un espace intime où l'on reçoit des visites. Jarry se sert de ce lieu pour parodier l'idéal de l'hospitalité, issu de la tradition sacrée de l'hospitalité du monde classique (surtout du classicisme grec). Lieu de l'intimité et du social, la maison est là où doit s'accomplir l'application rituelle des conventions. Dans *Ubu Roi*, par contre, on assiste à leur brutale transgression : Père Ubu empoisonne, insulte puis chasse ses invités ; lorsqu'il est invité chez le paysan polonais, maître des bonnes manières et représentant de la morale humaniste millénaire, Père Ubu envahit la place avec les Palotins, massacre tout le monde, vole tous leurs avoirs et brûle la maison.

Comme la maison, le champ de bataille est un espace où le moi social est défini en fonction des rapports de force. Le champ de bataille se distingue de la maison dans la mesure où les péripéties y sont plus nombreuses et leurs consé-quences, plus graves. Ici, contrairement à l'espace du palais, les destins sont décidés non par des édits, mais par l'exercice de la force. Cependant, le combat qui est livré sur le champ de bataille est fort peu reluisant sur le plan épique. Il donne plutôt lieu à des péripéties marquées par la maladresse et la couardise : le Czar tombe dans une fosse, Ubu croit remporter la victoire, le Czar sort du trou, et Ubu, craignant pour sa vie, prend la fuite.

La grotte, la crypte, le sous-sol

La grotte, la crypte et le sous-sol ont un point en commun : ces lieux sont enfouis dans le sol et, du même coup, ils contiennent tout ce que la société refoule. Pour cette raison, ils sont les métaphores de l'inconscient (ou du ça), car, comme l'inconscient, le sol renferme la nature à l'état brut, les instincts et les pulsions de tout ordre.

La grotte est le refuge des bannis, l'endroit où se retrouvent les êtres déchus à la suite des bouleversements. D'abord, les survivants du coup d'État de Père Ubu s'y précipitent. Bougrelas y est ensuite visité par des spectres, ce qui convient, car l'inconscient est peuplé d'êtres évanescents, presque oubliés qui, lorsqu'ils se manifestent, surprennent. Ici, les ancêtres de Bougrelas lui rendent visite pour lui rappeler son devoir, celui de venger son père et de chasser l'usurpateur du trône. Puis, dans cette même grotte, la famille Ubu et les Palotins se cachent des Russes. C'est aussi dans la grotte qu'a lieu la visite d'un être surnaturel, ou plutôt d'un faux être surnaturel (car il s'agit de Mère Ubu déguisée).

La crypte contient les ossements des rois polonais défunts. Elle représente donc, d'une part, la mort qu'on refoule par peur d'y faire face, et, d'autre part, le lieu des ancêtres, des nobles oubliés et craints. Cependant, ce lieu secret et interdit est aussi le lieu du trésor (le legs de tout un pays), protégé par les fantômes des vénérables rois qui l'ont accumulé. Ainsi, la crypte représente le fond riche et sacré de l'inconscient.

Le sous-sol du palais est en quelque sorte le cachot de Père Ubu, puisque c'est là qu'il jette les sujets dont il veut se débarrasser. Ce lieu est d'autant plus effrayant qu'il est plutôt évoqué qu'il est représenté. Il contient la machine à décerveler, et la réaction de tous les personnages face à ce lieu laisse entendre que l'individu y est livré, complètement impuissant, à la torture et à la mort.

LE DÉCOR, LES COSTUMES ET LES OBJETS SCÉNIQUES

Le décor d'*Ubu Roi* ne devait pas être réaliste. Les costumes non plus. Rien dans les deux cas ne devait représenter le réel, comme c'était de mise dans le théâtre du Boulevard, mais plutôt l'évoquer au moyen d'objets les plus minimalistes ou les plus fantasques possible. C'est pourquoi un simple cadre sur un mur devenait une fenêtre, un geste de la main révélait l'existence d'une porte, un écriteau dépêché sur scène indiquait le nouveau lieu de l'action. Même les personnages devaient être imaginés : un seul comédien pouvait représenter la foule, et même toute une armée.

Dans le même ordre d'idée, Jarry voulait que les arrière-plans ne représentent pas les lieux à la manière de tableaux ou de photographies, mais qu'ils soient composés d'une toile sur laquelle figurerait une seule couleur uniforme. Chaque lieu et chaque action significative devait posséder sa propre couleur. Cette démarche de Jarry relevait de l'esthétique symboliste.

Les costumes répondaient eux aussi à l'impératif de faire appel à l'imagination. Jarry proposait quelques idées, par exemple que Père Ubu porte un complet veston gris acier et un chapeau melon, par-dessus lequel on placerait sa couronne, ou que Mère Ubu porte « un costume de concierge marchande à la toilette[1] », par-dessus lequel on

---

1 Alfred Jarry. « Répertoire des costumes » dans *Œuvres complètes*, TOME 1, Paris, Gallimard, « Bibliothèque de la Pléiade », p. 403.

mettrait son manteau royal. Mais malgré ses propositions, Jarry encourageait les costumiers à mettre beaucoup de fantaisie dans leurs créations afin que les costumes signalent le caractère caricatural des personnages.

Beaucoup des accessoires étaient représentés par des objets inventés. D'ailleurs, l'objet scénique renvoyait aussi peu à la réalité que le faisaient les expressions les désignant. Par exemple, le «balai innommable», qui devient le sceptre du roi plus tard dans la pièce, pouvait aussi bien être un balai des cabinets enduit de substance brunâtre que toute autre chose. Le cheval à phynances, plutôt que d'être incarné par un cheval véritable ou par deux hommes dans un costume réaliste de cheval, était représenté à l'aide d'une vulgaire tête de cheval en papier mâché que son cavalier pendait autour de son cou. Quant à la machine à décerveler, elle était seulement évoquée verbalement ou au moyen de sons. Comme le crochet à nobles, elle était définie par sa fonction.

On le voit, le théâtre de Jarry s'oppose concrètement aux impératifs de représentation du réel du théâtre bourgeois visant à favoriser l'identification du spectateur. Mieux : le dérisoire vient désacraliser les valeurs bourgeoises et détruire le sens — le sceptre du roi qui est simultanément un balai des cabinets l'illustre bien ! Tout convie le spectateur à entrer dans un univers où d'innombrables déformations et petites différences l'obligent à interpréter et à remettre en question, par le rire, tout savoir, toute vision du monde qui est le sien et qu'il tient pour acquis.

L'ÉCRITURE

L'aspect visuel de l'esthétique théâtrale de Jarry n'est pas seul à entraver le processus d'identification du spectateur : tout l'aspect langagier y travaille aussi. Le langage d'*Ubu Roi* rejette l'autorité du sens, ce qui est une transgression encore plus grande que celle opérée par les décors, les costumes et les objets scéniques. Le langage est en soi constitué de règles

et d'un usage desquels on ne s'écarte qu'au prix de l'inco-
hérence la plus entière. Les écarts de Jarry par rapport aux
règles du langage rappellent ceux de François Rabelais en
ceci que les mêmes procédés assurent les mêmes effets : le
comique libère les rapports convenus entre le langage et
la pensée.

LES NÉOLOGISMES

Dans *Ubu Roi*, Jarry utilise à profusion des mots de son
invention. Cette stratégie n'a pas pour seul but de faire rire.
En s'appropriant la langue pour la transformer, Jarry
propose qu'il ne faut pas se soumettre à la dictature de la
langue et de l'objectivité du sens, conventions adoptées le
plus souvent par les membres d'une académie, d'un office
de la langue française ou des auteurs de dictionnaires. Pour
Jarry, l'individu peut au contraire se donner le droit
d'établir la norme qui vaut pour lui.

La première réplique de la pièce en fait d'ailleurs foi. En
effet, c'est au moyen d'un seul mot, le premier et non le
moindre, que Jarry impose son refus de respecter les règles
de la bienséance et de l'orthographe. Père Ubu déforme
sciemment un juron (la réaction de Mère Ubu dans la première scène confirme qu'il s'agit d'un juron), affirmant ainsi
l'exercice de son entière liberté : il manie le mot «merde»,
auquel il ajoute un «r» incongru, en guise d'opposition ferme
aux convenances, aussi bien sociales que grammaticales.

Le même jeu de perversion du sens et de l'ordre s'étend à
plusieurs autres mots ou expressions de Père Ubu, comme
«la chandelle verte» ou «la gidouille». Mais en plus d'être
provocatrices, ces modifications entraînent, potentiellement
du moins, une coupure entre le mot et la chose. Le néologisme renvoie à une réalité dont le spectateur n'est pas sûr.
En l'occurrence, il est loin d'être certain que ces expressions
évoquent pour le spectateur les notions de phallus ou de
ventre ; de même, les déformations fantaisistes du langage

de Père Ubu, comme «ji tou» et «oneilles», introduisent une incertitude quant à ce qu'elles désignent. Certes, Jarry encourage ce genre d'interprétation dans ses conférences, comme lorsqu'il établit un rapport d'équivalence entre le juron «cornegidouille» et l'expression «par la puissance des appétits inférieurs». Et qu'est-ce que «le coup-de-poing explosif» de Cotice? Est-ce nécessairement un revolver, comme Jarry en a disposé toute sa vie[1]? On peut toujours en douter.

Enfin, le néologisme chez Jarry montre aussi son idéalisme, car la transformation d'un mot entraîne la transformation du monde. En ce sens, Jarry use du langage à la manière d'un démiurge, puisqu'en nommant, il crée. Au lieu de disposer de mots qui s'ajustent au réel, le réel est créé par le néologisme.

Les archaïsmes

Plus nombreux au début de la pièce qu'à la fin, les quelques archaïsmes servent la parodie des genres nobles, comme la tragédie et l'épopée, en caricaturant leur ton majestueux et solennel. Les formes anciennes du français qu'on retrouve dès les premières répliques de la pièce, comme «vous estes» pour «vous êtes» et «que je ne vous assom'je» pour «attendez que je vous assomme», témoignent de l'intention parodique de l'auteur. Celui-ci cherche évidemment à provoquer cette partie du public qui idéalise la «vieille France».

---

1 Jarry se serait servi de son revolver dans les buts les plus insolites : «déboucher le champagne», briser la glace (dans les deux sens du terme), tuer les cloportes, etc. Voir Michel Arrivé. «Introduction» dans *Alfred Jarry, Œuvres complètes*, TOME 1, Paris, Gallimard, Bibliothèque de la Pléiade, p. 12.

Les calembours

Jarry recourt abondamment au calembour pour témoigner de son indifférence à l'endroit du bon goût. Ce jeu de mots, considéré par Victor Hugo comme «la fiente de l'esprit qui vole», exploite la polysémie d'une expression en transformant le sens original qu'on lui a machinalement donné. L'exemple suivant montre tout le comique de ce procédé. Lorsque Mère Ubu compare sa beauté à celle de la Vénus de Capoue, œuvre de l'antiquité grecque, son mari lui répond : «Qui dites-vous qui a des poux ?» Non seulement ce passage révèle-t-il l'ignorance de Père Ubu, mais il tourne en dérision les prétentions vaniteuses de Mère Ubu en faisant allusion à son apparence physique plutôt repoussante.

Les illogismes

Les illogismes dans la pièce de Jarry surprennent le public (ou le lecteur) et le font rire tout autant qu'ils font des pieds de nez à la règle de vraisemblance chérie par l'élite bourgeoise. On retrouve des illogismes partout dans *Ubu Roi*. Parfois, ils sont insérés dans les répliques des personnages : «Mère Ubu, tu es bien laide aujourd'hui. Est-ce parce que nous avons du monde ?» D'autres fois, c'est le lien entre les propos du personnage et la situation qui est illogique. Par exemple, lorsque Père Ubu, moralement offensé, signifie très clairement à sa femme qu'il ne tuera pas son roi, celle-ci conclut que dans huit jours elle sera reine de Pologne. Ou encore, lorsque Mère Ubu découvre que Père Ubu a dérobé une des nombreuses rouelles de veau, la proportion de sa réaction est totalement illogique : «Ah ! le veau ! le veau ! veau ! Il a mangé le veau ! Au secours !» L'illogisme s'exprime également dans l'attitude erratique des personnages, comme lorsque, dans la première scène, Père Ubu se montre tour à tour résolu à tuer le roi, puis trop lâche pour le faire, puis de nouveau résolu à tuer le roi, puis résolu à ne tuer personne d'autre que Mère Ubu. Enfin, l'illogisme s'infiltre jusque dans la logique des conventions sociales, puisque Père Ubu, se présentant à ses invités, énonce des évidences, ce qui est contraire à l'usage : «Me voilà ! me voilà ! Sapristi, de par ma chandelle verte, je suis pourtant assez gros.»

Répétitions

Comme plusieurs procédés d'écriture chez Jarry, la répétition vise la caricature et l'éloignement systématique de la représentation réaliste. En l'occurrence, la répétition est introduite par le truchement des expressions propres aux différents personnages. Par exemple, Père Ubu ponctue tout ce qu'il dit des expressions «Merdre», «Cornegidouille» et «de par ma chandelle verte»; Mère Ubu use abondamment de «vrout, merdre», et les Palotins, de «Hon ! Monsieuye». Ces tics de langage accentuent le côté mécanique des personnages, les rapprochant de caricatures guignolesques, les éloignant du même coup de figures humaines véritables auxquelles les spectateurs pourraient s'identifier.

Le mélange des niveaux de langue

Le mélange des niveaux de langue soutenu et vulgaire témoigne de la volonté de transgression de Jarry tout en conférant à sa pièce un effet comique certain. Par exemple, dans la première scène, Père Ubu répond de la manière suivante à Mère Ubu : «Ah ! Mère Ubu, vous me faites injure et vous allez passer tout à l'heure à la casserole.» Le vouvoiement et l'expression «faire injure» appartiennent au registre de langue soutenu, voire noble, alors que la seconde expression, «passer à la casserole», relève du registre familier et renvoie à un acte particulièrement ignoble, celui de battre sa femme. De même, quand Mère Ubu veut faire voir les avantages à son mari de l'usurpation du trône, elle use d'un langage savant : «augmenter indéfiniment tes richesses» et d'une expression ancienne soutenue : «rouler carrosse par les rues», tout de suite après avoir exprimé le souhait de voir le «cul» de son mari sur le trône.

LES THÈMES

Dans cette pièce qui tourne en dérision les valeurs humanistes et les œuvres marquantes du répertoire drama-turgique classique sont privilégiés les thèmes du pouvoir, de la violence, de la scatologie, des rêves et du surnaturel.

Le pouvoir

Tous les personnages principaux visent à mettre la main sur le pouvoir, et toutes leurs relations sont caractérisées soit par la manipulation et la ruse, soit par l'exercice de la violence. Le pouvoir n'est pas associé à une entreprise noble. La quête du pouvoir n'a pas de fin, car elle relève non pas d'une intention rationnelle (sauver le monde, assurer plus de justice, etc.), mais d'une pulsion parfaitement irra-tionnelle, que Nietzsche a appelée la volonté de puissance.

La violence

La violence est soit risible, comme le sont les nombreux revirements de situation dans les combats sur les champs de bataille, soit parfaitement ignoble, comme celle d'Ubu à l'endroit de sa femme. La violence est présente dès le début de la pièce avec les nombreuses menaces que profère Père Ubu à Mère Ubu. D'ailleurs, celui-ci n'entretient que des rapports violents avec ses congénères (à la seule exception de ses Palotins), qu'il n'hésite pas à «déchirer», terme synonyme de tuer qui rappelle, de manière ingénieuse, que ceux-ci sont des personnages de papier et le fruit d'une pure invention littéraire.

La scatologie

Les nombreuses références à l'acte de déféquer ou d'uriner, au bas-ventre (cornegidouille, chandelle) montrent la force irrépressible de l'instinct, le fait que les besoins primaires dominent les beaux sentiments, ce qui va à l'encontre de la morale humaniste entérinée par le public français de cette époque. L'instinct gouverne dans la pièce comme il gouverne dans les rêves.

Les rêves et le surnaturel

Les rêves et le surnaturel sont généralement associés aux lieux souterrains. Les rêves ont, comme dans les pièces antiques et dans celles de Shakespeare, des vertus prémonitoires. Cette parenté participe à la parodie des modèles de la dramaturgie classique. En voici quelques exemples. La reine Rosemonde rêve qu'un malheur arrivera à son mari pendant qu'il fera le tour de garde et, effectivement, c'est lors de ce tour de garde que Père Ubu déclenche les actes menant à son assassinat. Dans la grotte, avant qu'arrive Mère Ubu, Père Ubu rêve que Bordure et l'ours sont interchangeables (Jarry demande d'ailleurs que l'ours soit joué par le même comédien jouant Bordure). Père Ubu voit non seulement dans ce rêve que sa femme l'a volé mais, plus encore, il lui révèle, par voie occulte, les rouages même de la représentation théâtrale (en l'occurrence les deux rôles assumés par un seul comédien), que le personnage ignore et auquel il ne doit pas en principe se référer.

CONCLUSION

Somme toute, Alfred Jarry a su, avec *Ubu Roi*, assurer à une audacieuse farce un destin brillant. Par le truchement de la caricature, pleinement assumée, le personnage de Père Ubu acquiert une réalité dépassant non seulement celle des autres personnages de la pièce, mais aussi celle des hommes et des femmes qui composent son public. Car selon Jarry, ceux-ci sont tous des personnages à leur manière : ces personnes ne jouent-elles pas à être plus vertueuses qu'elles ne le sont en réalité ? Le rythme de l'action, ses nombreuses péripéties, ses incongruités favorisent chez le spectateur un sentiment de vertige analogue, sans doute, à celui qu'il peut ressentir face à un monde qui le dépasse, devant lequel il se sent de plus en plus impuissant. L'organisation des espaces nie la prétention humaniste de la supériorité absolue de l'esprit et rappelle l'importance de la vie de l'inconscient. Tout en empêchant le processus d'identification, le décor, les costumes et les objets scéniques de la pièce permettent la reconnaissance ou la création de nouveaux liens entre le signe et son sens. Le langage participe lui aussi de cette féconde création transgressive, très souvent avec des effets comiques. Les thèmes d'*Ubu Roi*, le pouvoir, la violence, la scatologie, les rêves et le surnaturel, découlent naturellement des intentions parodiques de ce dramaturge désireux d'ébranler les certitudes humanistes devenues nocives, voire destructives, et d'ouvrir la voie à une modernité davantage à l'écoute de l'*humain*.

Alfred Jarry chez le Maître Blaviel en 1906.

Jugements sur l'œuvre

«Vous avez mis debout, avec une glaise rare et durable au doigt, un personnage prodigieux, cela en sobre et sûr sculpteur dramatique. Il entre dans le répertoire de haut goût et me hante…»

> Stéphane Mallarmé, lettre à Jarry à la suite d'une
> représentation de la pièce entre amis, vers 1892.

«Parlerai-je d'*Ubu Roi* qui nous a été donné par l'Œuvre avec une incroyable fanfare de réclame? C'est une fumisterie ordurière qui ne mérite que le silence du mépris. J'ai vu avec plaisir que le public (ce public très spécial des soirées de l'Œuvre) s'est révolté enfin contre cet excès d'ineptie et de grossièreté. Malgré le parti pris d'indulgence sceptique qu'il apporte à ces représentations, il a vertement sifflé.»

> Francisque Sarcey, 1896.

«Farce féroce, macabre, terrible, en ce qu'elle ne recelait aucune des gaietés connues, d'une grossièreté enfantine et sinistre, cris de hiboux dans des ruines, un *tout à l'égout et tout à la trappe* formidablement net, comme le discours d'un sergent de ville sur un noyé.»

> Rachilde, 1897.

«Un homme politique quelconque se montre-t-il sous un aspect foireux et vil: on dit c'est un Ubu — Un procureur, quelconque aussi, qui essuie seulement avec son mouchoir les crachats qu'on dépose sur son museau, et dont les pantalons servent de pissotière à tous ceux qui lèvent la cuisse — C'est un Ubu. Tout homme qui dans son ménage sort (sic) de vadrouille pour essuyer les vases de nuit — C'est un Ubu. En principe tout homme qui, bête immonde, soulève le dégoût est un cloporte qui fait couac quand on met le pied dessus, c'est un Ubu.

Désormais Ubu appartient au dictionnaire de l'académie ; il désignera les corps humains qui ont une âme
de cloporte. »

Paul Gauguin, 1899.

« Alfred Jarry a été un homme de lettres comme on l'est
rarement. Ses moindres actions, ses gamineries, tout
cela, c'était de la littérature. C'est qu'il était fondé en
lettres et en cela seulement. Mais de quelle admirable
façon ! Quelqu'un a dit un jour devant moi que Jarry
avait été le dernier auteur burlesque. C'est une erreur !
À ce compte, la plupart des auteurs du XVe siècle, et une
grande partie de ceux du XVIe siècle, ne seraient que
des burlesques. Ce mot ne peut désigner les produits
les plus rares de la culture humaine. On ne possède pas
de terme qui puisse s'appliquer à cette allégresse parti-
culière où le lyrisme devient satirique, où la satire,
s'exerçant sur de la réalité, dépasse tellement son objet
qu'elle le détruit, et monte si haut que la poésie ne
l'atteint qu'avec peine, tandis que la trivialité ressortit
ici au goût même, et, par un phénomène inconcevable,
devient nécessaire. Ces débauches de l'intelligence où
les sentiments n'ont pas de part, la Renaissance seule
permit qu'on s'y livrât et Jarry, par un miracle, a été le
dernier de ces débauchés sublimes. »

Guillaume Apollinaire, 1909.

« Ubu *existe* et ce n'est pas sans doute sans quelques
bonnes raisons ; Ubu est et demeure comme une force
de la nature ; avec sa tête en poire, son vocabulaire
spécial et ses tics exaspérés, il apparaît la grimaçante
et symbolique figure de toute la bassesse humaine, de
tous les vilains appétits, y compris goinfrerie, sottise,
vantardise, lâcheté, cruauté, rapacité ; hypocrisie et
trahison… »

Franc-Nohain, 1921.

«Ubu existe. Chacun l'habille à sa manière. C'est une racine qui grimace et qui veut retouche. Mais gare à la retouche. Vous gâterez la forte esquisse, je le parie. Jarry fut artiste en ceci surtout qu'à ses vingt ans il sut n'ajouter rien à cette œuvre d'enfance. Ainsi Ubu est vivant à la manière des contes. On peut essayer de les comprendre, mais il faut d'abord les accepter. Comme le sphinx : vous y pouvez accrocher toutes les pensées du monde, mais l'œuvre existe en attendant.»

Alain, 1921.

«Vous avez bien raison d'apprécier Jarry. C'est peut-être le seul poète des vingt dernières années qui ait apporté quelque chose de vraiment authentique et spontané, de ces gens dont on dit : où diable a-t-il été trouver ça ?»

Paul Claudel, 1924.

«Alfred JARRY.

Ceux qui ne le trouvent pas drôle ont raison. Ses traits d'esprit sont faibles, son humour forcé, et même, au second degré, quand il se fout visiblement du public, son prétendu comique est lugubre. D'où son relatif insuccès, qui est d'ailleurs pour lui une victoire, la seule. Insuccès qui se mue en échec (ou victoire qui devient triomphale) si l'on considère ses supporters eux-mêmes et leurs contresens savoureux quand ils se croient obligés de rire — ou contresens encore plus délectable, quand ils rient spontanément. Ah ! il les a eus, *tous*.»

Julien Torma, 1926.

«Il n'est pas tout à fait exact que Jarry ait été le fonda-teur de ce que Rachilde appelle l'"École des démons de l'absurde". Ils sont au moins trois, dont Jarry vient le dernier dans le temps. Lautréamont, Rimbaud et lui.

Les deux premiers devaient passer comme des comètes. Jarry seul avait l'étoffe d'un homme de lettres complet, varié, permanent.»

Albert Thibaudet, 1928.

«Ce Père Ubu, c'est la bêtise énorme au front de tau-reau, la bêtise triomphante, écrasant de la masse qui lui sert d'argument tout ce qui pourrait être art, intelligence, délicatesse, initiative intelligente. C'est le mauvais fonctionnaire, le mauvais chef, le général stupide, c'est l'État lui-même et son administration, en tant qu'on applique des règlements aveugles sans s'occuper des conséquences.

Ubu, c'est l'autorité devenue imbécile…»

Jean Morienval, 1929.

«Étant admis que l'humour représente une revanche du principe du *plaisir* attaché au *surmoi* sur le principe de *réalité* attaché au *moi*, lorsque ce dernier est mis en trop mauvaise posture, on n'aura aucune peine à découvrir dans le personnage d'Ubu, l'incarnation magistrale du soi nietzschéen-freudien qui désigne l'ensemble des puissances inconnues, inconscientes, refoulées dont il n'est que l'émanation permise, toute subordonnée à la prudence.»

André Breton, 1940.

«Ce Kobold[1], à la face plâtrée, accoutré en clown de cirque et jouant un personnage fantasque, construit, résolument factice et en dehors de quoi plus rien d'humain en lui ne se montrait, exerçait […] une sorte de fascination singulière. Tous, presque tous, autour de lui, s'efforçaient, avec plus ou moins de succès, d'imiter, d'adopter, son humour, et surtout son élocution

---

1 *Kobold* : dans les contes allemands, esprit généralement irascible et maléfique qui veille aux métaux précieux enfouis dans la terre.

bizarre, implacable, sans inflexions ni nuances, avec une accentuation égale de toutes les syllabes, y compris les muettes. Un casse-noisette aurait parlé, il ne l'eût point fait autrement. Il s'affirmait sans gêne aucune, en parfait dédain des convenances. Les surréalistes, par la suite, n'inventèrent rien de mieux et c'est à juste titre qu'ils reconnaissent en lui un précurseur. On ne pouvait pousser plus loin qu'il le fit la négation, et cela dans des écrits de forme souvent dure et durable [...]. Plus encore que son *Ubu Roi*, je tiens, extraits de ses très inégales *Minutes de sable mémorial*, le dialogue d'Ubu avec le professeur Achras, puis le débat suivant avec sa conscience, pour un extraordinaire, incomparable et parfait chef-d'œuvre. »

André Gide, 1946.

« Mais la gidouille du Père Ubu déborde les seules concordances de l'Histoire. Elle personnifie un monde entier devenu ventre. Ubu est le mythe énorme d'une humanité d'où le matérialisme et l'égoïsme total ont éliminé le cœur, l'âme et toute faculté d'amour. »

André Rousseaux, 1951.

« Mais ce qui nous touche, en Ubu, c'est son inépuisable *actualité*, c'est-à-dire sa ressource active. De Hitler à MacArthur, le roi Ubu n'a pas fini encore, hélas, d'être prophétiquement ressemblant, d'être le prototype vengeur de toutes les *citrouilles armées* qui nous poussent ubuesquement à l'abattoir, après nous avoir décervelés [...] Le seul auteur d'anticipations totalement réalisées, de tout le XIXe siècle, est cet auteur pour théâtre de marionnettes qui s'appelle Alfred Jarry. »

Claude Roy, 1953.

«Jarry, provocateur fécond, a donné à ma jeunesse de précieux alibis en m'annonçant toutes les libertés que j'aurais pu prendre, toutes les outrances salutaires vers lesquelles devait me pousser naturellement mon tempérament d'anarchiste; oui, c'est bien le mot: anarchiste.»

Michel de Ghelderode, 1956.

«Avec Jarry, plus d'analyse, mais un comique qui ne repose sur rien, un comique vide et par là essentielle-ment mystificateur. Mystifier c'est créer quelque chose du néant. Plus on montrera qu'*Ubu* est une pièce sans qualités, dénuée d'intérêt littéraire, plus on soulignera le caractère original de l'œuvre.»

Jacques Robichez, 1957.

«Surtout, il y a eu Jarry. *Ubu Roi* est une œuvre sensa-tionnelle où l'on ne parle pas de tyrannie, où l'on *montre* la tyrannie sous la forme de ce bonhomme odieux, archétype de la goinfrerie matérielle, poli-tique, morale, qui est le Père Ubu.»

Eugène Ionesco, 1966.

«Le coup de maître, ç'a été de porter Ubu à la scène tel que les potaches[1] l'avaient conçu sans lui infliger le moindre traitement esthétique, sans s'évertuer à le dégrossir. Littérairement, *Ubu Roi* ne vaut peut-être pas davantage que *Les Pieds Nickelés*[2] [...], mais ni Croquignol, ni Ribouldingue, ni Filochard[3], considérés ensemble ou séparément, ne sauraient rivaliser avec Ubu. De son dénuement même, celui-ci tire une force extraordinaire.»

Pascal Pia, 1971.

---

1   *potaches*: terme familier qui désigne des lycéens ou des collégiens.
2   *Les Pieds Nickelés*: bande dessinée populaire des années cinquante.
3   *Croquignol, Ribouldingue, Filochard*: personnages des *Pieds Nickelés*.

«Alfred Jarry ? Un imbécile.»

Jorge Luis Borges, 1983.

«Les mouvements mécanisés des comédiens, se déplaçant selon un ordre qui semblait savamment orchestré, les transformaient en véritables robots, enveloppes vides, sans épaisseur, manipulés par un pouvoir qui les dépasse — et clin d'œil peut-être au vœu de Jarry de faire d'Ubu une pièce pour marionnettes.»

Extrait d'un article écrit par Jean-François Chassay, paru dans *Spirale*, Montréal, 1991, sur la pièce *Ubu*, mise en scène par Denis Marleau.

«Ubu, c'est le cirque macabre de la bêtise universelle. C'est une vision archi-pessimiste du monde, d'une fin de siècle effroyable, écrite à la fin du siècle dernier.»

MTL Montréal, 1992, propos recueillis par Pascale Bréniel.

«TOUT LE GROTESQUE DU MONDE SUR UNE TABLE ! Une armée de baguettes de pain se dresse devant une autre, les bombes de tomates éclatent, le batteur à œufs survole les troupes en déroute, du sang de mélasse pisse sur les soldats-fourchettes marchant sur le Père Ubu. [...] Ubu s'est évidemment trouvé tout à fait à son aise au milieu des ustensiles de cuisine utiles autant à l'empiffrement qu'à la déconfiture des «sagouins». L'objet souligne de façon immédiate le grotesque des personnages : le capitaine Bordure [par exemple], incarné par un marteau standard, reste à jamais coincé dans sa pose rigide, contraint de répéter sans cesse les mêmes expressions ridicules.»

Tiré du dossier de presse d'*Ubu sur la table*, une production du Théâtre de la Pire Espèce, Montréal, 2004.

Lithographie de Jarry.

PLONGÉE

DANS
L'ŒUVRE

Peinture sur bois de Jarry (date inconnue).

Questions sur l'œuvre

ACTE I

Acte i, scène 1
Voir l'extrait 1

Acte i, scène 2

1. En quoi la première réplique de Père Ubu (l. 63-65) contient-elle un illogisme comique ?
2. Quels actes de père Ubu le présentent comme un enfant fourbe ?
3. Comment la fin de cette scène montre-t-elle l'importance de l'hyperbole dans les réactions des personnages ?

Acte i, scène 3

4. En quoi la troisième réplique de la scène 3 (l. 87-88) montre-t-elle que Jarry va à l'encontre des règles du théâtre réaliste ?
5. Quelle réplique montre l'avarice de Père Ubu ?
6. À quoi voit-on que le rapport entre Père Ubu et Mère Ubu est fondé sur la violence ?
7. Comment Père Ubu se débarrasse-t-il de ses invités, à l'exception de Bordure ?

Acte i, scène 4

8. Comment les premières répliques (l. 139-142) parodient-elles la haute société ?
9. Par quel moyen détourné Père Ubu informe-t-il Bordure de son projet de régicide ?
10. Observez la cinquième réplique (l. 150) de Père Ubu :
    a) Qu'admire-t-il chez Bordure ?
    b) Comment cette admiration caractérise-t-elle Père Ubu ?
11. Trouvez une hyperbole dans le comportement affectif de Père Ubu.
12. Vers la fin de la scène, comment Jarry rabaisse-t-il le personnage de Père Ubu au niveau des bêtes ?

Acte i, scène 5

13. Quels procédés montrent la peur de Père Ubu ?

14. Comment voit-on que Père Ubu et Mère Ubu sont tous les deux dénués de scrupules quand il s'agit de se sauver du péril ?

15. Quel procédé de la fin de la scène produit un effet comique de bas niveau ?

ACTE I, SCÈNE 6

16. À quoi voit-on que Jarry ne cherche pas à idéaliser le roi Venceslas ?

17. Qu'est-ce qui montre le caractère ignoble et très maladroit de Père Ubu ?

18. Comment les paroles des deux personnages à la fin de cette scène montrent-elles leurs caractères opposés ?

ACTE I, SCÈNE 7

19. À quoi reconnaît-on le caractère lâchement expéditif et grossier de Père Ubu au début de cette scène ?

20. Quelle réplique de Père Ubu montre sa crainte de la douleur et son avarice ?

21. Selon les répliques de Mère Ubu, qu'est-ce qui compte le plus pour elle ?

ACTE II

ACTE II, SCÈNE 1

1. Pourquoi la reine déconseille-t-elle au roi d'aller à la revue de son armée ?

2. Qu'est-ce qui montre la naïveté et la témérité du roi Venceslas ?

ACTE II, SCÈNE 2

3. Qu'est-ce qui retient l'attention du roi alors qu'on s'apprête à l'assassiner ?

ACTE II, SCÈNE 3

4. Quelles sont les expressions qui illustrent le caractère pieux de la reine ?

5. Quelles expressions montrent la virilité de Bougrelas ?

ACTE II, SCÈNE 4

6. À quoi voit-on le courage de Bougrelas ?

ACTE II, SCÈNE 5

7. En quoi la cause de la mort de la reine est-elle une preuve de sa grande noblesse ?

8. Quels aspects stylistiques de l'avant-dernière réplique de Bougrelas (l. 366-371) montrent son désarroi ?

9. Comment Bougrelas se fait-il remettre l'épée avec laquelle il se venge ?

ACTE II, SCÈNE 6

10. Au début de cette scène, Père Ubu doit amadouer le peuple polonais :
    a) Comment Ubu devenu roi y parvient-il ?
    b) En quoi cette solution est-elle ironique ?

11. Montrez que, dans cette scène, chaque réplique de Père Ubu, sauf une, exprime son avarice.

ACTE II, SCÈNE 7

12. Comment Père Ubu se convainc-t-il de se départir d'une partie de son trésor ?

13. Comment les deux premières répliques (l. 410-411 et 416) de Bordure dépeignent-elles ce personnage ?

14. En quoi la dernière réplique de cette scène (l. 445-446) est-elle ironique ?

ACTE III

ACTE III, SCÈNE 1

1. En quoi Père Ubu se montre-t-il ridiculement économe ?

2. Pourquoi Mère Ubu craint-elle qu'un malheur s'abatte sur son mari ?

3. Comment Père Ubu réagit-il aux efforts de sa femme pour le protéger ?

ACTE III, SCÈNE 2

4. Observez la troisième réplique de Père Ubu (l. 490-494) :
    a) Quels sont les temps de verbe employés dans la réplique ?
    b) Quel lien peut-on établir entre ces temps de verbe et le rôle que joue Père Ubu dans cette scène ?

5. Montrez que dans cette scène, l'arbitraire férocité de Père Ubu l'emporte sur l'appât du gain.

6. Quelle réplique montre le mieux la vanité et l'avarice de Père Ubu ?

7. Observez les répliques (l. 521, 558, 560 et 579) qui s'adressent à Mère Ubu :
   a) Identifiez les procédés ;
   b) Commentez leurs effets.

ACTE III, SCÈNE 3

8. Observez la deuxième réplique (l. 585-589) :
   a) Relevez les expressions associées aux nombres ;
   b) Expliquez les effets de ce champ lexical.

9. Comment la demande de Père Ubu d'ouvrir la porte montre-t-elle qu'il est violent et qu'il croit cette violence légitime ?

ACTE III, SCÈNE 4

10. Comment le début de la scène montre-t-il que Père Ubu se soucie uniquement d'exercer bruyamment son autorité ?

11. Par quelles expressions voit-on que Stanislas est un homme infiniment respectueux ?

12. Dans les deuxième et quatrième répliques de Père Ubu (l. 601-603 et 608-611), quelles expressions montrent qu'il se donne le droit de changer sans préavis le langage usuel ?

13. Comment la cinquième réplique de Père Ubu (l. 615-620) montre-t-elle qu'il ne contrôle aucunement l'expression de son inconscient ?

14. Observez l'avant-dernière réplique de Père Ubu (l. 625-627) :
   a) Comment montre-t-elle qu'il est emporté par la colère ?
   b) À quoi voit-on l'inventivité de cet homme terriblement violent ?
   c) Expliquez l'ironie à la ligne 627.

ACTE III, SCÈNE 5

15. Comment la réplique de Bordure (l. 637-641) montre-t-elle qu'il condamne désormais le comportement de son ancien complice ?

16. Montrez que la dernière réplique (l. 642-648) est fortement empreinte d'ironie.

ACTE III, SCÈNE 6

17. Comment le langage employé par Bordure et Alexis témoigne-t-il d'un grand respect pour les valeurs de la noblesse ?
18. Comment la quatrième réplique d'Alexis (l. 661-662) montre-t-elle qu'il se conforme à l'idéal chevaleresque ?

ACTE III, SCÈNE 7

19. Comment les premières répliques (l. 673-677 et 680-686) montrent-elles que Père Ubu est tellement imbu de lui-même et de son pouvoir qu'il se prend pour un dieu ?
20. Montrez que Père Ubu considère le rôle du roi comme celui d'un dictateur sanguinaire.
21. À quoi reconnaît-on la colère de Père Ubu après la réplique de Mère Ubu (l. 692-696) ?
22. Qu'y a-t-il de comique ou d'étrange dans le résumé que fait Mère Ubu de la lettre livrée par le messager ?
23. Comment la plainte de Père Ubu montre-t-elle son impiété ?
24. Comment la dernière réplique de Père Ubu (l. 720-725) montre-t-elle une nouvelle fois son attachement déraisonnable à l'argent ?

ACTE III, SCÈNE 8

25. En quoi Mère Ubu a-t-elle raison de traiter son mari de lâche ?
26. Qu'est-ce qui montre la maladresse et la vanité de Père Ubu ?
27. Quelles répliques de cette scène montrent que Mère Ubu se moque de son mari ?
28. Selon les répliques de Père Ubu (l. 728-730, 732-734, 750-752 et 755) dans cette scène, que craint-il le plus ?
29. Quelles expressions de la dernière réplique de Père Ubu (l. 765-767) montrent sa capricieuse cruauté ?
30. Observez les deux dernières répliques de Mère Ubu (l. 764, 768-770) :
    a) À quel champ lexical renvoient la plupart des verbes ?
    b) Comparez le ton des propos de Mère Ubu à celui de Père Ubu.

ACTE IV

ACTE IV, SCÈNE 1

1. Décrivez la structure de la phrase de Mère Ubu et établissez un lien entre cette structure et l'action de la scène.

ACTE IV, SCÈNE 2

2. En quoi la première réplique de Mère Ubu (l. 800-801) ne convient-elle pas à la situation ?
3. Observez les répliques de Bougrelas (l. 788-792, 794-795, 798-799, 805, 807, 809 et 810-811) :
   a) Quels procédés servent à justifier le soulèvement ?
   b) Comment cette scène caractérise-t-elle Bougrelas ?

ACTE IV, SCÈNE 3

4. À quoi voit-on que l'attachement maladif de Père Ubu à l'argent est responsable de l'absurdité de la situation ?
5. En quoi les réactions de Père Ubu au message de Rensky sont-elles irrespectueuses et comment trahissent-elles sa propre sottise ?
6. Comment le discours de Père Ubu confirme-t-il sa lâcheté ?
7. Comment les propos de Père Ubu montrent-ils le peu de cas qu'il fait de la vie de ses soldats ?
8. Comment les derniers ordres donnés par Père Ubu (l. 870-873) le caractérisent-ils ?

ACTE IV, SCÈNE 4

9. Pourquoi Père Ubu descend-il dans la foulée ?
10. Montrez le ridicule des exagérations de la quatrième réplique de Père Ubu (l. 893-896).
11. Dans la septième réplique de Père Ubu (l. 915-921), celui-ci s'adresse à Bordure :
    a) Relevez les passages qui expriment le caractère ironique et sadique de Père Ubu ;
    b) Relevez le passage contenant une hyperbole et dites comment elle caractérise Père Ubu.
12. Observez la dixième réplique de Père Ubu (l. 930-935) :
    a) Quel procédé littéraire Père Ubu emploie-t-il au moins à deux reprises ?

b) Quel est l'effet de ce procédé ?

13. Observez la onzième réplique de Père Ubu (l. 937-939) :
    a) Quel procédé y emploie-t-il ?
    b) Quel est l'effet de ce procédé ?
    c) Quel trait de caractère souligne la dernière phrase de cette réplique ?

14. Observez la treizième réplique de Père Ubu (l. 946-961) :
    a) Comment Père Ubu y caractérise-t-il son bâton à physique ?
    b) Comment y caractérise-t-il son cheval à finances ?
    c) Quels champs lexicaux sont développés dans ces lignes ?
    d) Compte tenu des réponses obtenues en a), b) et c), dites en quoi la treizième réplique de Père Ubu parodie les récits de combats épiques, où un héros loue son arme magique.

15. Dans la dernière réplique de Père Ubu (l. 967-972), à quoi reconnaît-on son orgueil et sa lâcheté ?

ACTE IV, SCÈNE 5

16. Relevez un passage du début de la scène qui établit l'égoïsme de Père Ubu, et un autre qui établit sa lâcheté et sa vulgarité.

17. Quels procédés de la deuxième réplique de Cotice (l. 982-984) caractérisent Père Ubu comme une personne ridicule ?

18. En quoi la quatrième réplique de Père Ubu (l. 985-989) présente-t-elle un faux moralisme et un faux héroïsme ?

19. En quoi la cinquième réplique de Père Ubu (l. 992-997) est-elle une parodie d'un discours de souverain adressé en hommage à ceux qui meurent au combat ?

ACTE IV, SCÈNE 6

20. Quelle réplique de Père Ubu le dépeint comme un niais ?

21. Quels passages de la deuxième réplique (l. 1009-1011) montrent la peur excessive et la lâcheté de Père Ubu ?

22. Dans la neuvième réplique de Père Ubu (l. 1034-1044), par quels moyens ce personnage tâche-t-il de déguiser sa lâcheté en acte héroïque ?

23. Comment la treizième réplique de Père Ubu (l. 1060-1063) essaie-t-elle d'exploiter la logique tout en étant illogique ?

24. Observez les répliques quatorze, quinze et seize de Père Ubu, et les répliques de Pile (l. 1064-1072) :
    a) Comment Père Ubu traite-t-il Pile ?

b) Comment Pile réagit-il à ce traitement ?

25. Selon le dernier échange entre Pile et Cotice (l. 1090-1103), pourquoi partent-ils ?

Acte iv, scène 7

26. À quoi voit-on que Père Ubu est tourmenté par le contenu de son rêve ?

27. Montrez que le rêve de Père Ubu mêle les événements dramatiques qu'il a récemment vécus.

28. Comment le rêve informe-t-il Père Ubu de ce qu'il ignorait ?

29. Quels sont les éléments absurdes et comiques dans ce récit de rêve ?

ACTE V

Acte v, scène 1

1. Observez la première réplique (l. 1123-1151) :
   a) Quelle expression montre le mépris de Mère Ubu pour son mari ?
   b) Qu'est-ce qui révèle le caractère léger et orgueilleux de Mère Ubu ?
   c) De quelle manière Mère Ubu exprime-t-elle l'ampleur du vol des avoirs de son mari ?

2. Quelle expression de la deuxième réplique de Mère Ubu (l. 1154-1158) montre qu'elle maîtrise l'hypocrisie ?

3. Comment la quatrième réplique de Père Ubu (l. 1172-1173) exprime-t-elle sa peur ?

*Pour d'autres questions sur cette scène, voir l'*extrait 2.

4. Observez l'échange entre les époux aux lignes 1294 à 1306, lorsqu'ils se racontent leurs mésaventures :
   a) Quelle expression y est répétée ?
   b) Comment cette expression caractérise-t-elle les interlocuteurs ?

5. Quel est le lien entre le récit des mésaventures et la décision de Père Ubu de faire subir le dernier supplice à sa femme ?

6. Observez la dernière réplique de Père Ubu (l. 1311-1322) :
   a) Comment l'ampleur du sadisme de Père Ubu est-elle exprimée ?

  b) Relevez un jeu de mots et dites ce qu'il ajoute à la
     caractérisation des personnages;
  c) Relevez un illogisme et dites comment il caractérise
     Père Ubu;
  d) Commentez l'allusion biblique et dites comment elle
     caractérise Père Ubu.

ACTE V, SCÈNE 2

  7. Commentez la demande de Père Ubu dans sa première
     réplique (l. 1325-1327) et dites comment elle le caractérise.
  8. Observez le langage dans l'échange entre Bougrelas, Père Ubu
     et Mère Ubu (l. 1328-1334):
     a) Dans la réplique de Bougrelas (l. 1328-1329), qu'ont en
        commun les trois derniers mots énumérés?
     b) Les mots énumérés dans la réplique de Père Ubu (l. 1330-
        1332) présentent-ils les mêmes caractéristiques?
     c) Les mots énumérés dans la réplique de Mère Ubu (l. 1333-
        1334) présentent-ils les mêmes caractéristiques?
  9. Comment l'avant-dernière réplique de Père Ubu (l. 1357-
     1359) le présente-t-elle comme particulièrement ignoble?

ACTE V, SCÈNE 3

 10. Comment le bref échange entre Père Ubu et Mère Ubu
     (l. 1364-1367) montre-t-il que la pièce tire à sa fin?

ACTE V, SCÈNE 4

 11. Observez la première réplique de Père Ubu (l. 1369-1372):
     a) Relevez une hyperbole;
     b) Relevez un jeu de mots;
     c) Quel est l'effet de la dernière phrase (l. 1372), qui propose
        une explication logique à la vitesse du navire?
 12. Comment la troisième réplique de Père Ubu (l. 1378-1381)
     rappelle-t-elle une de ses hantises?
 13. Observez les quatrième et cinquième répliques de Père Ubu
     (l. 1383-1390 et 1393-1395):
     a) Comment les paroles adressées au commandant
        rappellent-elles son mauvais caractère?

   b) Expliquez comment, à travers les propos qu'il tient à l'équipage, Père Ubu se dévoile comme un imbécile assoiffé de pouvoir.

14. Qu'est-ce que la septième réplique de Père Ubu (l. 1400) a d'incongru ?

15. Observez les répliques des personnages entre le moment où ils s'installent pour boire et celui où ils entonnent la Chanson du décervelage (l. 1401-1425) :

   a) Comment la huitième réplique de Père Ubu (l. 1403-1404) révèle-t-elle le mépris du dramaturge pour le réalisme ?

   b) Expliquez comment les paroles de Mère Ubu, de Pile et de Cotice semblent ne pas tenir compte de la situation ;

   c) Relevez un jeu de mots comique ;

   d) En quoi la dernière réplique de Père Ubu (l. 1421-1423) est-elle ironique ? De quoi se moque-t-elle ?

   e) À qui s'adresse la dernière phrase que Père Ubu (l. 1424-1425) prononce avant d'entonner la Chanson du décervelage ?

Alfred Jarry, en 1894, chez Claude Terrasse à Noisy-le-Grand.

Extrait 1

Acte i, scène 1

1. Observez les quatre premières répliques (l. 1-6) de la scène 1 :
   a) Relevez deux archaïsmes ;
   b) Dites quel est leur effet.
2. Quel procédé employé aux lignes 10 à 14 met en relief l'abondance des honneurs que Père Ubu a reçus en récompense de ses services ?
3. Observez les lignes 15 à 19 :
   a) Mère Ubu souligne une caractéristique propre aux honneurs de Père Ubu. Laquelle ?
   b) Montrez que dans cette réplique, les registres de langue soutenus voisinent les registres de langue familiers ou vulgaires.
4. Quelles sont les deux phrases de Père Ubu qui justifient le « Tu es si bête ! » (l. 22) de Mère Ubu ?
5. Observez la sixième réplique de Père Ubu (l. 23-25) :
   a) Quelle figure d'amplification y décèle-t-on ?
   b) Quel est l'effet de cette figure ?
6. Observez le dialogue aux lignes 26 à 37 :
   a) Dites quelles expressions relèvent du registre de langue familier ou vulgaire ;
   b) Dites quelles expressions relèvent du registre de langue soutenu ;
   c) Dites quel est l'effet de la présence simultanée de ces registres de langue.
7. Quelle réplique de la fin de la scène 1 montre que Mère Ubu exploite l'argument de l'admirable virilité pour convaincre son mari de tuer Venceslas ?
8. Observez les répliques aux lignes 50 et 51, d'une part, et aux lignes 52 à 54, d'autre part :
   a) Comment peut-on caractériser le rapport entre ces répliques ?
   b) Que révèle ce rapport sur le personnage de Père Ubu ?

9. Observez les dernières répliques de Mère Ubu (l. 41-42, 46-47, 50-51 et 55-56) :
   a) Quelles expressions montrent qu'elle dévalorise la pauvreté et la marginalité ?
   b) Comment cette attitude la caractérise-t-elle ?

10. Dans la dernière réplique (l. 58-61), qu'est-ce qui montre que Mère Ubu est ridicule ?

Sujets de dissertation explicative

11. Montrez comment le caractère provocateur de cet extrait annonce le théâtre moderne.

12. À l'aide de l'extrait de *Macbeth* en annexe, montrez que la scène d'ouverture d'*Ubu Roi* est une parodie de *Macbeth* de Shakespeare.

Motif du papier à lettres du Théâtre des Pantins
réalisé par Jarry, 1898.

Extrait 2

1. Divisez l'extrait en quatre parties et résumez chacune d'elles en une phrase.
2. Observez le dialogue aux lignes 1174 à 1227 :
   a) Quelles sont les qualités que Mère Ubu s'attribue lorsqu'elle s'adresse à Père Ubu ?
   b) Quelles qualités Père Ubu attribue-t-il à sa femme ?
   c) Pourquoi Père Ubu parle-t-il de son cheval à Phynances ?
   d) Quel rapport y a-t-il entre chacune des répliques de Mère Ubu et celles de Père Ubu ?
   e) Relevez un jeu de mots dans cet échange, puis commentez son effet.
3. Observez le dialogue aux lignes 1228 à 1240 :
   a) Décrivez en un mot les actes mentionnés par Mère Ubu ;
   b) Comment Père Ubu réagit-il aux propos de Mère Ubu déguisée ?
   c) Qu'ajoutent ces réactions à la caractérisation de Père Ubu ?
4. Observez le dialogue aux lignes 1241 à 1257 :
   a) Comment l'hypocrisie de Père Ubu est-elle exprimée aux lignes 1243 à 1245 ?
   b) Que propose Mère Ubu à Père Ubu pour assurer le salut de son âme ?
   c) Comment décrire la réaction de Père Ubu à cette proposition ?
   d) Comment l'interprétation de l'adage latin montre-t-elle l'ignorance de Père Ubu ?
5. Observez la réplique aux lignes 1253 à 1261 :
   a) Par quelle expression Père Ubu apostrophe-t-il celle qu'il prend pour un ange ?
   b) Qu'est-ce que cette apostrophe révèle du personnage de Père Ubu ?
6. Après le lever du soleil, Père Ubu reconnaît Mère Ubu (l. 1253-1264) :
   a) Qu'est-ce qui montre que Mère Ubu préfère pousser l'hypocrisie jusqu'à l'absurde plutôt que d'admettre qu'elle a eu tort ?

b) Par quels moyens Père Ubu exprime-t-il sa colère ?

7. Aux lignes 1273 et 1274, quelle expression de Père Ubu montre qu'il est à la fois pédant et ignorant ?

8. Le recours à la peau d'ours terrorise Mère Ubu :
   a) À quoi voit-on que la peur de Mère Ubu est aussi ridicule que celle de son mari ?
   b) Qu'est-ce qui révèle la lâcheté et la bêtise constantes de Père Ubu ?

Sujets de dissertation explicative

9. Montrez que cet extrait tire sa force des nombreuses oppositions entre deux personnes très semblables.

10. Expliquez comment divers procédés liés à l'humour et les incongruités des personnages établissent une atmosphère absurde.

11. En quoi la caractérisation des personnages et l'action dramatique dressent-elles un portrait noir de l'être humain ?

Dessin à la plume de Jarry
(date inconnue).

EXTRAIT 3

ACTE V, SCÈNE 4, lignes 1426 à 1485

LA FORME

1. Observez les vers aux lignes 1426 à 1428 :
   a) Faites la scansion des vers. Combien y a-t-il de syllabes dans les trois premiers vers ?
   b) Quel nom donne-t-on à ce type de vers ?
2. Observez les vers aux lignes 1429 à 1437 :
   a) Combien de syllabes y a-t-il dans les vers aux lignes 1429 à 1433 ?
   b) Combien de syllabes y a-t-il dans les vers aux lignes 1434 à 1436 ?
   c) Combien de syllabes y a-t-il dans le vers à la ligne 1437 ?
3. Quelle conclusion peut-on tirer de l'observation de la longueur des douze premiers vers ?
4. Quel lien peut-on établir entre la forme des vers et le contenu de la chanson ?
5. Commentez la rime à la fin des douze premiers vers.
6. Quel rapport voit-on entre la forme de la première partie et celle des quatre autres parties ?

LE FOND

7. Résumez en une phrase chacune des cinq parties séparées par les refrains.
8. Pourquoi les personnages présentés semblent-ils bien intégrés à la société ?
9. Dans la première partie, quelles expressions installent une atmosphère de belles et paisibles apparences ?
10. Selon le refrain, quelles sont les personnes visées par la machine à décerveler ?
11. Observez le premier vers de la deuxième partie :
    a) Quelle expression désigne les enfants ?
    b) Quel est l'effet de l'emploi de ce mot ?
12. Quels signes dévoilent le désir d'assister au spectacle ?
13. Dans la deuxième partie, comment l'obsession pour la belle apparence est-elle illustrée ?

14. Dans la troisième partie, comment l'horreur du spectacle est-elle décrite ?

15. Montrez que les déformations des mots dans ce passage servent à imiter l'oralité.

16. Observez le vocabulaire employé :
    a) Relevez les expressions appartenant au registre de langue familier ;
    b) Relevez une expression non familière, mais que Père Ubu a déjà employée dans la grotte.

17. Dans la quatrième partie, deux néologismes de Jarry sont employés : lesquels ?

18. Commentez l'emploi du mot «superbe».

19. Éclairez le sens du «grand trou noir» de la dernière partie.

20. Quelle morale semblent enseigner les vers aux lignes 1478 à 1481 ?

Sujets de dissertation explicative

21. Montrez comment l'opposition entre la structure généralement réglée de la chanson et son contenu provocateur révèle le regard ironique propre à Jarry et à son époque.

22. Expliquez les parentés qui existent entre cette chanson et la pièce d'*Ubu Roi* sur le plan de la forme, d'une part, et sur le plan du fond, d'autre part.

23. Montrez en quoi la Chanson du décervelage constitue une provocation pour la morale humaniste.

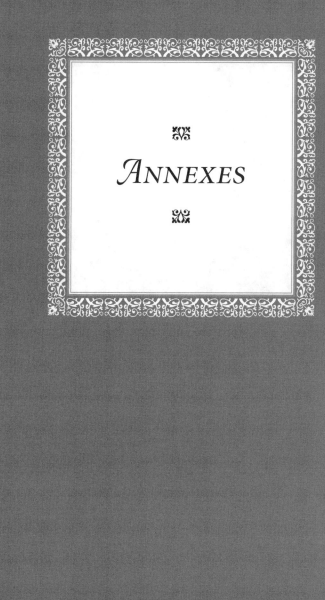

ANNEXES

Photographie de Jarry par Nadar, 1896.

ANNEXE 1

(Extrait de *Macbeth*[1])

Acte 1, scène 7

Une chambre dans le château

Macbeth : Nous n'irons pas plus loin dans cette affaire. Il vient de m'honorer ; et j'ai acheté de toutes les classes du peuple une réputation dorée qu'il convient de porter maintenant dans l'éclat de sa fraîcheur, et non de jeter sitôt de côté.

Lady Macbeth : Était-elle donc ivre, l'espérance dans laquelle vous vous drapiez ? s'est-elle endormie depuis ? et ne fait-elle que se réveiller pour verdir et pâlir ainsi devant ce qu'elle contemplait si volontiers ? Désormais je ferai le même cas de ton amour. As-tu peur d'être dans tes actes et dans ta résolution le même que dans ton désir ? Voudrais-tu avoir ce que tu estimes être l'ornement de la vie, et vivre couard[2] dans ta propre estime, laissant un *je n'ose pas* suivre un *je voudrais*, comme le pauvre chat de l'adage[3] ?

Macbeth : Paix ! je te prie. J'ose tout ce qui sied à un homme : qui ose au-delà n'en est plus un.

Lady Macbeth : Quelle est donc la bête qui vous a poussé à me révéler cette affaire ? Quand vous l'avez osé, vous étiez un homme ; maintenant, soyez plus que vous n'étiez, vous n'en serez que plus homme. Ni l'occasion, ni le lieu ne s'offraient alors, et vous vouliez pourtant les créer tous deux. Ils se sont créés d'eux-mêmes, et voilà que leur concours vous anéantit. J'ai allaité, et je sais combien j'aime tendrement le petit qui me tète : eh bien ! au moment où il souriait à ma face, j'aurais arraché le bout de mon sein de ses gencives sans os, et lui aurais fait jaillir la cervelle, si je l'avais juré comme vous avez juré ceci !

Macbeth : Si nous allions échouer ?

Lady Macbeth : Nous, échouer ! Chevillez seulement votre courage au point résistant, et nous n'échouerons pas. Lorsque Duncan sera endormi (et le rude voyage d'aujourd'hui va l'inviter bien vite à un

---

1 Macbeth : cette tragédie de l'Anglais William Shakespeare (1564-1616) faisait partie des grandes pièces du répertoire que l'on s'est mis à enseigner dans les écoles de tout l'Occident à partir du milieu du XIXe siècle.

2 *couard* : à la manière d'un lâche.

3 *le [...] chat de l'adage* : allusion à un adage anglais qui se traduit comme suit : «Le chat mangerait le poisson, mais il ne veut pas se mouiller la patte.»

somme profond[1]), j'aurai raison de ses deux chambellans[2] avec du vin et de l'ale, à ce point que la mémoire, gardienne de leur cervelle, ne sera que fumée, et le récipient de leur raison qu'un alambic[3]. Quand le sommeil du porc tiendra gisant, comme une mort, leur être submergé, que ne pourrons-nous, vous et moi, exécuter sur Duncan sans défense ? Que ne pourrons-nous imputer à ses officiers, placés là, comme des éponges, pour absorber le crime de ce grand meurtre ?

MACBETH : Ne mets au monde que des enfants mâles ! car ta nature intrépide ne doit former que des hommes... Ne sera-t-il pas admis par tous, quand nous aurons marqué de sang ses deux chambellans endormis et employé leurs propres poignards, que ce sont eux qui ont fait la chose ?

LADY MACBETH : Qui osera admettre le contraire, quand nous ferons rugir notre douleur et nos lamentations sur sa mort ?

MACBETH : Me voilà résolu : je vais tendre tous les ressorts de mon être vers cet acte terrible. Allons ! et jouons notre monde par la plus sereine apparence. Un visage faux doit cacher ce que sait un cœur faux.

La tragédie de Shakespeare (1564-1616), *Macbeth*, est ouvertement parodiée par Jarry dans la première scène d'*Ubu Roi*. Macbeth, un noble de la cour du royaume d'Écosse, vient de recevoir le titre de comte de Cawdor. Dans cet extrait, il tâche de convaincre sa femme, Lady Macbeth, de ne plus insister pour qu'il tue le bon roi Duncan en vue de prendre sa place sur le trône.

---

1   *somme profond* : le roi Duncan vient de repousser, avec beaucoup de difficulté, une tentative d'invasion norvégienne. Il passe la nuit dans le château de Macbeth avant de s'apprêter à retourner chez lui.

2   *chambellans* : hommes de confiance chargés du service de chambre du souverain.

3   *alambic* : appareil servant, entre autres, à la distillation des alcools.

Annexe 2

(Extrait des *Minutes de sable mémorial*[1])

GUIGNOL

I

L'AUTOCLÈTE[2]

Quand le rideau macabre replia vers le cintre sa grande aile rouge avec un bruit d'éventail, un puits d'ombre s'ouvrit, et bâilla devant nous une gueule de goule[3]. Telles des lucioles[4], les chandelles de résine portaient prétentieusement leurs yeux aux ongles de leurs mains de gloire[5], comme des limaces[6] au bout des cornes. Et à cette pensée nous prit un subit frisson, que des marionnettes allaient, par leurs lazzis[7], dérider nos fronts mornes, car il semblait que sur une telle scène à la verve des acteurs de bois dût applaudir la claque d'os des maxillaires[8].

Ainsi qu'une araignée qui fauche[9], l'être vague chargé de rythmer le branle des pantins badins[10] griffa paresseusement de ses doigts longs les fils pendus aux fémurs[11] de sa harpe ; et grelotta soudain un galop clair de grêle rebondissant de tuile en tuile.

Et de l'ombre inférieure surgit, des genoux au sommet du gibus[12], très respectable et digne, M. Achras, vaquant aux soins anodins d'un collectionneur gâtisme[13]. Des cristaux rangés par ordre s'étalent sur les rayons de ses bahuts[14], et reflètent aux glaces de leurs faces le correct

---

1 Les *Minutes de sable mémorial* ont été publiées en 1894. L'année précédente, la partie intitulée «Guignol» avait mérité à Jarry le prix de prose au concours mensuel de *L'Écho de Paris mensuel illustré*. Il s'agit de la première publication de Jarry et de la première fois que paraît le personnage de Père Ubu.

2 *Autoclète* : terme dérivé de l'ancien grec qui signifie «celui qui s'invite».

3 *goule* : vampire des légendes d'Orient.

4 *lucioles* : insectes volants capables de produire de la lumière.

5 *mains de gloire* : terme qui désigne les mains amputées à des morts, souvent momifiées, auxquelles on attribuait des pouvoirs surnaturels.

6 *limaces* : petit mollusques terrestres sans coquille.

7 *lazzis* : plaisanteries.

8 *maxillaires* : os du visage formant les mâchoires supérieure et inférieure.

9 *fauche* : se déplace en faisant accomplir aux jambes de grands arcs.

10 *badins* : qui aiment rire.

11 *fémurs* : os long de la cuisse, au pluriel.

12 *gibus* : sorte de chapeau haut-de-forme.

13 *gâtisme* : sénile (Jarry emploie le nom *gâtisme* comme adjectif).

14 *bahuts* : armoires rustiques.

frac[1] noir et la blanche barbe en cerf-volant du rassembleur de leur foule raboteuse[2]. Et de ses lèvres carminées[3] tombent ces mots, exorde[4] de la sanglante tragédie de l'*Autoclète* :

ACHRAS : Ô mais c'est qué[5], voyez-vous bien, je n'ai point sujet d'être mécontent de mes polyèdres[6] : ils font des petits toutes les six semaines, c'est pire que des lapins. Et il est bien vrai de dire que les polyèdres réguliers sont les plus fidèles et les plus attachés à leur maître ; sauf que l'icosaèdre[7] s'est révolté ce matin, et que j'ai été forcé, voyez-vous bien, de lui flanquer une gifle sur chacune de ses faces. Et que comme ça c'était compris. Et mon traité, voyez-vous bien, sur les mœurs des Polyèdres qui s'avance : n'y a plus que vingt-cinq volumes à faire.

UN LARBIN[8], *entrant* : Monsieur, y a z'un bonhomme qui veut parler à Monsieur. Il a arraché la sonnette à force de tirer dessus, il a cassé trois chaises en voulant s'asseoir.

Il lui remet une carte.

ACHRAS : Qu'est-ce qué c'est que ça ? M. Ubu, ancien roi de Pologne et d'Aragon[§], docteur en pataphysique[9]... Ça n'est point compris du tout. Qu'est-ce qué c'est que ça, la pataphysique ? N'y a point de polyèdres qui s'appellent comme ça. Enfin c'est égal, ça doit être quelqu'un de distingué. Je veux faire acte de bienveillance envers cet étranger en lui montrant mes polyèdres. Faites entrer ce monsieur.

M. UBU, *bedaine, valise, casquette, pépin*[10] : Cornegidouille[§] ! Monsieur, votre boutique est fort pitoyablement installée : on nous a laissé carillonner[11] à la porte pendant plus d'une heure ; et lorsque messieurs vos larbins se sont décidés à nous ouvrir, nous avons aperçu devant nous un orifice tellement minuscule, que nous ne comprenons point encore comment notre gidouille[§] est venue à bout d'y passer.

---

1 *frac* : habit noir solennel dont les deux queues pendant sur le derrière sont en forme de poisson.

2 *raboteuse* : qui présente des inégalités sur le plan de la hauteur.

3 *carminées* : rouge sang.

4 *exorde* : introduction d'un discours dans la rhétorique ancienne.

5 *Ô mais c'est qué* : Achras, caricature du grand savant, parle avec un accent latin.

6 *polyèdres* : masses solides présentant des formes géométriques polygonales.

7 *icosaèdre* : polyèdre à vingt faces.

8 *larbin* : domestique.

9 *pataphysique* : science inventée par Jarry pour se moquer de la prétention des scientifiques.

10 pépin : terme familier désignant le parapluie.

11 *carillonner* : sonner bruyamment.

Achras : Ô mais c'est qué, excusez : je ne m'attendais point à recevoir la visite d'un aussi gros personnage… Sans ça, soyez sûr qu'on aurait fait élargir la porte. Mais vous excuserez l'embarras d'un vieux collectionneur, qui est en même temps, j'ose le dire, un grand savant.

M. Ubu : Ceci vous plaît à dire, monsieur, mais vous parlez à un grand pataphysicien.

Achras : Pardon, monsieur, vous dites ?…

M. Ubu : Pataphysicien. La pataphysique est une science que nous avons inventée, et dont le besoin se faisait généralement sentir.

Achras : Ô mais, c'est qué, si vous êtes un grand inventeur, nous nous entendrons, voyez-vous bien ; car entre grands hommes…

M. Ubu : Soyez plus modeste, monsieur ! Je ne vois d'ailleurs ici de grand homme que moi. Mais puisque vous y tenez, je condescends[1] à vous faire un grand honneur. Vous saurez que votre maison nous convient et que nous avons résolu de nous y installer.

Achras : Ô mais, c'est qué, voyez-vous bien…

M. Ubu : Je vous dispense des remerciements. — Ah ! à propos, j'oubliais : comme il n'est point juste que le père soit séparé de ses enfants, nous serons incessamment rejoint par notre famille : Mme Ubu, nos fils Ubu et nos filles Ubu. Ce sont des gens fort sobres et fort bien élevés.

Achras : Ô mais, c'est qué, voyez-vous bien, je crains de…

M. Ubu : Nous comprenons. Vous craignez de nous gêner. Aussi bien ne tolérerons-nous plus votre présence ici qu'à titre gracieux[2]. De plus, vous allez aller chercher nos trois caisses de bagages que nous avons omises dans votre vestibule[3]. N'oubliez pas non plus de dire à votre cuisinière qu'elle a l'habitude — nous le savons par notre science en pataphysique — de servir la soupe trop salée et le rôti beaucoup trop cuit. Nous ne les aimons point ainsi. Ce n'est pas que nous ne puissions faire surgir de terre les mets les plus exquis, mais ce sont vos procédés, monsieur, qui nous indignent !

Achras : Ô mais, c'est qué — y a point d'idée du tout de s'installer comme ça chez les gens. C'est une imposture manifeste…

M. Ubu : Une posture magnifique ! Parfaitement, monsieur : vous avez dit vrai une fois en votre vie.

Exit Achras.

---

1 *je condescends* : je m'abaisse.

2 *à titre gracieux* : pour vous faire une faveur ; par pure gentillesse.

3 *vestibule* : pièce d'entrée dans une maison importante.

M. Ubu : Avons-nous raison d'agir ainsi ? Cornegidouille[§], de par notre chandelle verte[§], nous allons prendre conseil de notre Conscience. Elle est là, dans cette valise, toute couverte de toiles d'araignée. On voit bien qu'elle ne nous sert pas souvent.

Il ouvre la valise.

Sort la Conscience sous les espèces d'un grand bonhomme en chemise[1].

La Conscience, *elle a la voix de Bahis, comme M. Ubu celle de Macroton* : Monsieur, et ainsi de suite, veuillez prendre quelques notes.

M. Ubu : Monsieur, pardon ! Nous n'aimons point à écrire, quoique nous ne doutions pas que vous ne deviez nous dire des choses fort intéressantes. Et, à ce propos, je vous demanderai pourquoi vous avez le toupet de paraître devant nous en chemise ?

La Conscience : Monsieur, et ainsi de suite, la Conscience, comme la Vérité, ne porte habituellement pas de chemise ; si j'en ai arboré une, c'est par respect pour l'auguste assistance.

M. Ubu : Ah çà, monsieur ou madame ma Conscience, vous faites bien du tapage. Répondez plutôt à cette question : ferai-je bien de tuer M. Achras, qui a osé venir m'insulter dans ma propre maison ?

La Conscience : Monsieur, et ainsi de suite, il est indigne d'un homme civilisé de rendre le mal pour le bien. M. Achras vous a hébergé ; M. Achras vous a ouvert ses bras et sa collection de polyèdres ; M. Achras, et ainsi de suite, est un fort brave homme, bien inoffensif ; ce serait une lâcheté, et ainsi de suite, de tuer un pauvre vieux incapable de se défendre.

M. Ubu : Cornegidouille[§] ! Monsieur ma Conscience, êtes-vous sûr qu'il ne puisse se défendre ?

La Conscience : Absolument, monsieur ; aussi serait-il bien lâche de l'assassiner.

M. Ubu : Merci, monsieur, nous n'avons plus besoin de vous. Nous tuerons M. Achras, puisqu'il n'y a pas de danger, et nous vous consulterons plus souvent, car vous savez donner de meilleurs conseils que nous ne l'aurions cru. Dans la valise !

Il la renferme.

La Conscience : Dans ce cas, monsieur, je crois que nous pouvons, et ainsi de suite, en rester là pour aujourd'hui.

---

1 chemise : chemise de nuit.

«Guignol» est le premier écrit publié de Jarry (dans la revue *L'Écho de Paris mensuel illustré*, en 1892). Dans cette petite pièce incluse dans *Les Minutes de sable mémorial* (1894), son premier livre, on retrouve le personnage de Père Ubu, à peu près tel qu'il apparaîtra deux ans plus tard dans *Ubu Roi*. Cet extrait du début de «Guignol» a été par la suite intégralement repris par Jarry au début de l'ACTE II d'*Ubu cocu*.

Illustration de la couverture
de *César-Antéchrist*
réalisée par Jarry.

	POLITIQUE ET SOCIÉTÉ	VIE ET ŒUVRE DE JARRY
1870	Début de la guerre franco-prussienne. Napoléon III fait prisonnier. Proclamation de la Troisième république. Siège de Paris.	
1871	Combats sanglants lors de la Commune de Paris. Fin de la guerre franco-prussienne. L'Alsace-Lorraine cédée à l'Allemagne. Répression de la révolte kabyle, en Algérie.	
1872		
1873	Fin de l'occupation allemande de la France. Au Vietnam, prise d'Hanoi par les Français. Première chute hydroélectrique.	Naissance d'Alfred Jarry, à Laval (France).
1874	L'explorateur anglais Stanley commence sa traversée de l'Afrique.	
1875	Nobel invente la dynamite-gomme (plastique). En France, constitution républicaine.	
1876	Révoltes autochtones aux États-Unis : massacre de Little Big Horn. Le Québec et les provinces maritimes reliés par chemin de fer. Bell invente le téléphone.	
1877	Victoria, reine d'Angleterre, proclamée impératrice des Indes. Thomas Edison invente le phonographe. Louis Pasteur établit le rôle pathologique des microbes.	
1878	Insurrection en Nouvelle-Calédonie. Éclairage électrique à Paris.	
1879	Paris, première ville d'Europe à disposer d'un réseau téléphonique. Éclairage électrique dans les théâtres.	

TABLEAU CHRONOLOGIQUE

TABLEAU CHRONOLOGIQUE

ARTS ET LITTÉRATURE EN FRANCE	ARTS ET LITTÉRATURE HORS DE FRANCE	
Verlaine, *La Bonne Chanson*.		1870
Rimbaud, *Le Bateau ivre*.	Verdi, *Aïda*.	1871
	Nietzsche, *L'Origine de la tragédie*.	1872
Verne, *Le Tour du monde en 80 jours*. Rimbaud, *Une saison en enfer*.		1873
Monet, *Soleil levant*. Renoir, *La Loge*. Verlaine, *Romances sans paroles*.		1874
Degas, *La Classe de danse*. Saint-Saëns, *La Danse macabre*.		1875
	Tchaïkovski, *Le Lac des cygnes*.	1876
Rodin, *L'Âge d'airain*. Flaubert, *Trois contes*. Zola, *L'Assommoir*.	Tolstoï, *Anna Karénine*.	1877
	Nietzsche, *Humain trop humain*.	1878
	Ibsen, *Maison de poupée*.	1879

	POLITIQUE ET SOCIÉTÉ	VIE ET ŒUVRE DE JARRY
1880	Premier tramway électrique, à Francfort.	
1881	Assassinat du tsar Alexandre II de Russie. Alexandre III, nouveau tsar.	
1882		
1883	Occupation française du Vietnam et de Madagascar. Invention de la mitrailleuse.	
1884	Rétablissement du droit de divorce en France. Loi française autorisant les syndicats.	
1885		
1886	En France, début du mouvement boulangiste.	
1887	La France crée l'Union indochinoise (Cochinchine, Annam, Tonkin, Cambodge). En France, loi laïcisant le personnel des écoles publiques.	
1888		La famille Jarry déménage à Rennes.
1889	Guillaume II, nouvel empereur d'Allemagne. La France s'empare de l'empire d'Ahmadou au Niger. Exposition universelle à Paris et achèvement de la tour Eiffel.	Au lycée, introduction à la pensée de Nietzsche et fréquentation des frères Morin.
1890	Chute de Bismarck, chef d'État allemand. Convention franco-anglaise sur le Soudan, Madagascar et Zanzibar.	Obtention du baccalauréat.
1891	Première automobile à essence. Mort du général Boulanger et fin du boulangisme.	Jarry s'installe à Paris. Initiation à la pensée de Bergson. Première tentative d'entrer à l'École normale supérieure.

TABLEAU CHRONOLOGIQUE

TABLEAU CHRONOLOGIQUE

Arts et littérature en France	Arts et littérature hors de France	
Rodin, *Le Penseur* et *La Porte de l'enfer.* Maupassant, *Boule de suif.* Zola, *Nana.*	Dostoïevski, *Les Frères Karamazov.* Strindberg, *Mademoiselle Julie.*	1880
		1881
	Crémazie, *Œuvres complètes.*	1882
	Nietzsche, *Ainsi parlait Zarathoustra* et *Le Gai Savoir.*	1883
Verlaine, *Jadis et Naguère* et *Les poètes maudits.* Huysmans, *À rebours.*	Engels, *L'Origine de la famille.* Laure Conan, *Angéline de Montbrun.*	1884
Zola, *Germinal.*		1885
Rimbaud, *Illuminations.* Moréas, *Manifeste symboliste.* Fauré, *Requiem.* Rodin, *Le Baiser.* Courteline, *Les Gaietés de l'escadron.*	Nietzsche, *Par-delà le bien et le mal.*	1886
Mallarmé, *Poésies.*	Nietzsche, *Le Crépuscule des idoles* et *L'Antéchrist.* Fréchette, *La Légende d'un peuple.*	1887
	Van Gogh, *Tournesols.*	1888
		1889
Van Gogh, *Le Champ de blé aux corbeaux.* Claudel, *Tête d'or.*		1890
Monet, *Les Nymphéas.*	Wilde, *Le Portrait de Dorian Gray.* Hardy, *Tess d'Uberville.* Doyle, *Les Aventures de Sherlock Holmes.*	1891

TABLEAU CHRONOLOGIQUE

	POLITIQUE ET SOCIÉTÉ	VIE ET ŒUVRE DE JARRY
1892	Début du scandale de Panama (banqueroute, corruption).	Deuxième tentative d'entrer à l'École normale supérieure.
1893	Le Dahomey et le Laos entrent dans le giron français. Henry Ford construit sa première voiture.	Troisième tentative d'entrer à l'École normale supérieure. *Guignol*, première publication. Mort de sa mère, à Paris.
1894	Dreyfus condamné. Louis Lumière invente le cinématographe. Première course automobile Paris-Rouen.	Décès de son oncle. Deux tentatives d'entrer à la Sorbonne, en lettres. Fréquentation de Gauguin, Mallarmé, Fargue. Publication des *Minutes de sable mémorial*. Direction d'une revue littéraire. Rencontre de Lugné-Poe.
1895	Première projection cinématographique par les frères Lumière.	Service militaire. Mort de son père. Publication de *César-Antéchrist*.
1896	L'affaire Dreyfus polarise l'opinion publique en France. Annexion de Madagascar. Accord franco-anglais sur le Siam (la Thaïlande). Premiers Jeux olympiques à Athènes. Première réalisation de la télégraphie sans fil (T.S.F.).	Représentations puis publication d'*Ubu Roi*. Prononciation du discours *De l'inutilité du théâtre au théâtre*.
1897	Clément Adler parcourt 300 mètres avec *Avion III*.	Publication de *Les Jours et les nuits*. Rédaction de *Gestes et opinions du docteur Faustroll, pataphysicien* (qui sera publié en 1911) et de *Ubu cocu* (qui sera publié en 1944).
1898	Loi sur les accidents de travail en France. Premier dirigeable. Zola publie *J'accuse*. Pierre et Marie Curie découvrent le radium.	

TABLEAU CHRONOLOGIQUE		
ARTS ET LITTÉRATURE EN FRANCE	ARTS ET LITTÉRATURE HORS DE FRANCE	
Maeterlinck, *Pelléas et Mélisande.* Toulouse-Lautrec, *La Goulue.*		1892
Hérédia, *Trophées.*	Wilde, *Salomé.*	1893
Debussy, *Prélude à l'après-midi d'un faune.* Claudel, *L'Échange.*		1894
Gide, *Paludes.*	Wells, *La Machine à explorer le temps.* L'École littéraire de Montréal.	1895
	Tchekhov, *La Mouette.* Puccini, *La Bohème.*	1896
Mallarmé, *Un coup de dé jamais n'abolira le hasard.* Rostand, *Cyrano de Bergerac.* Gide, *Les Nourritures terrestres.*		1897
		1898

TABLEAU CHRONOLOGIQUE

	POLITIQUE ET SOCIÉTÉ	VIE ET ŒUVRE DE JARRY
1899	1ʳᵉ conférence de la paix à La Haye : 26 nations réunies.	Publication de *L'Almanach illustré du Père Ubu* puis de *L'Amour absolu*.
1900	La Russie occupe la Mandchourie. Guerre des Boers, en Afrique du Sud. Intervention militaire de la France au Tchad. Deuxième Exposition universelle à Paris et inauguration du métro parisien. Freud, *L'Interprétation des rêves*.	Publication d'*Ubu enchaîné*.
1901	Protocole franco-marocain sur les frontières. Expédition antarctique de Scott. Premier lien de télégraphie transatlantique sans fil, par Marconi.	Publication de *Ubu sur la butte* et de *Messaline, roman de l'ancienne Rome*.
1902	Achèvement du Transsibérien. Pavlov postule que l'être humain peut être conditionné.	Publication de *Le Surmâle, roman moderne*.
1903	Aux États-Unis, création des usines automobiles Ford et premier vol en avion des frères Wright.	
1904	En France, loi interdisant l'enseignement aux congrégations religieuses.	
1905	Naissance des soviets : première révolution en Russie. Crise franco-allemande au sujet du Maroc. En France, loi sur la séparation de l'Église et de l'État.	
1906	Réhabilitation de Dreyfus. Encyclique du pape Pie X condamnant la séparation de l'Église et de l'État en France.	
1907	Encyclique du pape Pie X contre le modernisme.	Mort de Jarry, le 1ᵉʳ novembre.

TABLEAU CHRONOLOGIQUE		
ARTS ET LITTÉRATURE EN FRANCE	**ARTS ET LITTÉRATURE HORS DE FRANCE**	
Gauguin, *Deux Tahitiennes avec des mangues*.	Sibelius, *Finlandia*. Nelligan, *La Romance du vin*.	1899
Bergson, *Le rire*. Rostand, *L'Aiglon*.	Beaugrand, *La Chasse-Galerie*.	1900
Ravel, *Jeux d'eau*.		1901
Méliès, *Le Voyage dans la lune*. Debussy, *Pelléas et Mélisande*. Gide, *L'Immoraliste*.		1902
	Tchekhov, *La Cerisaie*. Première édition des œuvres poétiques d'Émile Nelligan.	1903
Cézanne, *Montagne Sainte-Victoire*.	Girard, *Marie Calumet*. Puccini, *Madame Butterfly*.	1904
Debussy, *La Mer*. Claudel, *Le Partage de midi*.		1905
Claudel, *Le Partage de midi*. Matisse, *La Joie de vivre*.		1906
Picasso, *Les Demoiselles d'Avignon*.	Lozeau, *L'âme solitaire*.	1907

Autre portrait de Monsieur Ubu,
dessin à la plume de Jarry, 1896.

Lexique du théâtre

Accessoires : voir *Objets scéniques*.

Acte : grande division d'une pièce, correspondant à une étape dans l'évolution de l'action et regroupant plusieurs scènes.

Action dramatique : suite d'événements généralement organisés autour d'un conflit, dont la résolution peut être une question de vie ou de mort.

Aparté : parole généralement brève adressée par un personnage comme à lui-même, à laquelle le public a le privilège d'assister.

Conflit : condition de l'action dramatique et source de tension dramatique, le conflit est la situation où un sujet désirant tâche de surmonter à un ou à plusieurs opposants afin de se réunir avec un objet désiré (pouvant être abstrait, la liberté par exemple).

Coup de théâtre : événement inattendu qui renverse les rapports de force.

Décor : élément de la scénographie, composé de matériaux, de couleurs, de meubles, de divers objets scéniques, etc., qui situe les personnages dans leur monde.

Dénouement : moment vers la fin d'une pièce classique où se relâche la tension dramatique. Il marque la résolution du conflit et inaugure la fin de la pièce.

Deus ex machina : personnage ou événement qui apporte un dénouement inespéré à une situation apparemment sans issue.

Dialogue : suite de répliques dans une pièce de théâtre.

Didascalie : indication scénique qui renseigne sur l'espace ou le jeu des comédiens.

Éclairages : ensemble de moyens par lesquels la scène est illuminée. Le jeu de l'intensité lumineuse, le choix des surfaces éclairées, l'exploitation de filtres, etc., font en sorte qu'avec la musique les éclairages déterminent l'atmosphère de la scène.

Exposition : scènes du début de la pièce qui établissent le lieu et le temps de l'action de même que le caractère des personnages principaux.

Farce : pièce comique courte, au ton carnavalesque, où certains personnages en trompent d'autres.

Identification : processus psychologique, recherché par le théâtre réaliste, par lequel le spectateur se reconnaît dans le personnage joué, de telle sorte qu'il sent exactement ce que sent le personnage.

Illusion réaliste : effet de réel visé par le théâtre réaliste. Elle est favorisée lorsque le spectateur sent que le décor, les costumes, les éclairages, le jeu des comédiens ensemble reproduisent fidèlement la réalité, à la manière d'une photographie.

Intrigue : voir *Action dramatique.*

Jeu : exercice de l'art du comédien. Par sa gestuelle, le port de son costume, l'exploitation des ressources de sa voix, le comédien «joue» à être quelqu'un d'autre que lui-même.

Mise en scène : art de gérer la représentation afin d'en harmoniser le sens. La mise en scène implique la direction des comédiens dans l'apprentissage de leur texte ou dans le perfectionnement de leur jeu, leur interaction entre ceux-ci et l'espace scénique, la concertation avec les concepteurs du décor et des costumes, les éclairagistes, etc.

Nœud : moment crucial attendu où le conflit au cœur de l'action dramatique s'exprime dans toute sa force.

Objets scéniques : objets sur scène ou qui sont portés par les comédiens. Selon l'esthétique réaliste, l'objet scénique, dont la fonction est essentiellement décorative, renforce l'illusion réaliste ; selon l'esthétique symboliste ou moderne, il renvoie à autre chose que lui-même, et son sens peut changer.

Péripétie : montée et chute de la tension dramatique. Plusieurs péripéties d'amplitude croissante précèdent habituellement le nœud, qui est une grande péripétie.

Plateau : voir *Scène* (deuxième sens).

Registre de langue : aire de vocabulaire ayant la même connotation. Les registres de langue généralement reconnus sont : soutenu ou savant, correct, populaire et vulgaire.

Réplique : parole de longueur variable qu'un personnage énonce à l'intention d'un autre personnage.

Scène : 1) division d'un acte, dont le début est habituellement marqué par l'entrée d'un nouveau personnage ; 2) surface délimitée pour le jeu des comédiens et sur laquelle est érigé le décor.

Scénographie : art de mettre en forme l'espace de la représentation.

Tension dramatique : intensité affective que le texte dramatique entend générer chez le spectateur. Plus on s'approche du nœud, plus la tension dramatique est élevée.

Transition (scène de) : scène courte et sans contenu significatif qui lie la scène précédente à la suivante.

GLOSSAIRE DE L'ŒUVRE

andouille : charcuterie qui consiste en une partie de gros intestin farci de lanières de boyaux de veau et de porc ; jeu de mots sur le mot *andouille*, qui, familièrement, signifie aussi « imbécile ».

Aragon : ancien royaume sur la péninsule ibérique qui est aujourd'hui une province de l'Espagne.

bouffre : mot injurieux inventé, dérivé du verbe familier « bouffer », que Père Ubu emploie pour signifier « bougre qui mange mon avoir ».

bouffresque : le néologisme injurieux « bouffre », au féminin (comme « Maure » au féminin devient « Mauresque »).

bougre : terme familier signifiant « espèce » ou « individu d'espèce inconnue ».

bourrique : personne bête et têtue.

capeline : mot existant (chapeau mou féminin), mais dont Jarry se sert pour désigner une espèce de cape.

casemate : abri souterrain ou creusé dans la terre qui protège des bombes et des boulets de canon.

chipie : femme insupportablement acariâtre.

cornegidouille, corne de ma gidouille : juron ubuesque qui, à cause de la terminaison en -ouille, renvoie au sens péjoratif et phallique de l'andouille.

Cracovie : deuxième ville de Pologne.

croupion : extrémité postérieure du corps de l'oiseau qui sert de support à la queue.

crypte : ensemble de tombes localisées dans le sous-sol d'une église.

décollation du cou et de la tête : cette métaphore comique et macabre, qui se réfère à la décapitation, est en même temps une allusion au sort du personnage biblique Jean-Baptiste.

de par ma [notre] chandelle verte : façon de jurer propre à Père Ubu. L'expression pourrait renvoyer à une érection pourrie.

dragon : soldat de cavalerie.

estes : « êtes » en simili ancien français.

foutre à la poche : voir *Mettre dans ma poche*.

giborgne : terme pouvant avoir le sens de « gidouille », donc de « ventre ».

gidouille : terme emprunté à Rabelais signifiant « ventre ».

gueux : personne de basse extraction, sans titre de noblesse et, par conséquent, sans la possibilité de conférer à d'autres des titres de noblesse.

harpie : femme aussi méchante et malfaisante que l'était le monstre mythologique à tête de femme et au corps de vautour du même nom.

jambedieu : juron emprunté à Rabelais.

Jean Sigismond : authentique personnalité polonaise historique.

ji : le pronom «je», tel que Père Ubu le prononce quand il est emporté par une vive colère.

lame : vague de la mer.

la Vistule : fleuve qui traverse la capitale polonaise.

lon : le pronon «les» (ou «le») déformé à cause de l'émotion de Père Ubu.

lumelle : mot emprunté à Rabelais qui signifie «petite épée».

merdre : la désignation vulgaire de l'excrément, ornée d'un *r* supplémentaire.

mettre dans ma poche, foutre à la poche : Père Ubu range les gens qu'il démolit dans ses poches.

Monsieuye : manière propre aux Palotins Pile et Cotice de prononcer «monsieur».

Moscovites : habitants de Moscou, capitale de la Russie.

oneille : oreille, avec une substitution toute ludique de la lettre *r* par la lettre *n*.

Palotin : serviteur spécialisé dans le maniement du pal, instrument de torture.

par conséiquent de quoye : manière propre à Cotice de dire «en conséquence de quoi».

Pater Noster : nom latin de la prière la plus importante du dogme catholique, le «Notre Père».

rastron : mot inventé par Jarry, qui semble désigner un petit animal inoffensif, si ce n'est un petit rat.

rixdale : ancienne monnaie que l'on utilisait dans le nord et l'est de l'Europe.

sagouin : terme familier qui désigne un enfant malpropre ou mal élevé.

salopin : mot inventé (vraisemblablement dérivé de «salaud», voire de «salopard») par lequel Père Ubu désigne ses serviteurs dénués de morale.

tudez : «tuez» en simili ancien français.

Varsovie : capitale de la Pologne.

Bibliographie

Ouvrages sur Jarry ou sur *Ubu Roi*

ARNAUD, Noël. *Alfred Jarry, d'Ubu Roi au Docteur Fausteroll*, Paris, La Table Ronde, 1974.

ARRIVÉ, Michel. *Les langages de Jarry, essai de sémiotique littéraire*, Paris, Klincksieck, 1972.

ARRIVÉ, Michel. «Introduction», «Chronologie», «Notes» dans Alfred Jarry, *Œuvres complètes*, textes établis, présentés et annotés par Michel Arrivé et Henri Bordillon, Paris, Gallimard, Bibliothèque de la Pléiade, 1972.

BÉHAR, Henri. *Jarry, le monstre et la marionnette*, Paris, Librairie Larousse, 1973.

BÉHAR, Henri. *Les cultures de Jarry*, Paris, Presses Universitaires de France, 1988.

BÉHAR, Henri. *La dramaturgie d'Alfred Jarry*, Paris, Honoré Champion, 2003.

LEVESQUE, Jacques-Henry. *Alfred Jarry*, Paris, Seghers [1951], 1973.

Ouvrages sur le théâtre

ABIRACHED, Robert. *La crise du personnage dans le théâtre moderne*, Paris, Gallimard, 1994.

BERTRAND, Dominique et autres. *Le théâtre*, Rosny (France), Bréal, 1996.

CHARBONNIER, Marie-Anne. *Esthétique du théâtre moderne*, Paris, Armand Colin, 1998.

CORVIN, Michel et autres. *Dictionnaire encyclopédique du théâtre*, Paris, Bordas, 1991.

HUBERT, Marie-Claude. *Histoire de la scène occidentale de l'Antiquité à nos jours*, Paris, Armand Colin, 1992.

HUBERT, Marie-Claude. *Le théâtre*, Toulouse, Éditions Milan [1996], 2001.

PIGNARRE, Robert. *Histoire du théâtre*, Paris, Presses Universitaires de France [1945], 1999.

VIGEANT, Louise. *La lecture du spectacle théâtral*, Laval (Québec), Mondia, 1989.

Ouvrages sur l'histoire de France

LEJEUNE, Dominique. *La France des débuts de la IIIe République : 1870-1896*, Paris, Armand Colin, 1994.

LEJEUNE, Dominique. *La France de la Belle Époque : 1896-1914*, Paris, Armand Colin [1991], 2000.

ŒUVRES PARUES